JN246521

たすかる料理

按田優子

写真＝鈴木陽介

リトルモア

按田餃子のプロフィール

【按田優子】（あんだゆうこ）／文・料理

菓子・パン製造、乾物料理店などを経て独立しました。その土地の気候を生かした保存食に興味があります。かつて仕事でペルーのアマゾンを訪れること六回。餃子屋を開くなんて夢にも思いませんでした。

【鈴木陽介】（すずきようすけ）／写真

写真家です。様々なものを日々撮影しております。写真集に『カレーライス』、『むし』等。按田さんの著書『冷蔵庫いらずのレシピ』の撮影がきっかけで、按田さんと出会い、餃子屋を開きました。昔から何かのお店をやりたいと、ぼんやり夢を見ていました。

【按田餃子】（あんだぎょうざ）

東京・代々木上原と二子玉川にある、水餃子をメインにした小さな飲食店。カウンター六席とテーブル席がひとつだけある。キクラゲやハト麦など、体が助かる食材を取り入れ、ゆでらげ、ラゲーライスといった他では食べられないメニューが並ぶ。単品も定食もあるので、誰かと来ても、ひとりで来ても、三、四品楽しめる。女性がひとりでも入りやすく、麺類もあるので〆にもちょうどよい店である。キャッチコピーは「助けたい包みたい按田餃子でございます」。

はじめに

按田餃子の屋号は私の名字からとったわけですが、お店をはじめようという、そもそもの言い出しっぺは鈴木さん。二〇一一年八月に出した私の本『冷蔵庫いらずのレシピ』の写真を撮ってくれたのが鈴木さんで、それが私たちの出会いでした。撮影後、本に掲載される水餃子をつまみながら、餃子屋を経営してみたいという鈴木さんのどこまで本気かよくわからない（何せ初対面だったので）妄想を聞いていました。雑談から話が膨らみ、九月に出版記念パーティを餃子屋の体裁でやろうということに。その時に屋号が必要なので、適当につけた名前が按田餃子だったのです。たくさんの知人や近所の方が来てくださり、大盛況のうちに終わりました。三か月後のある日、すっかり調子に乗った鈴木さんは、実店舗の物件を見つけてきたのでした。

写真家なのにどうして餃子屋さんをやりたいと思っているのか謎でしたが、なんだか面白そうなので一緒にやってみることにしました。誰からもお金を借りないで、それぞれの無理のない金額を出し合って、もしも、そのお金がゼロになったら深追いせずに解散しよう、と約束したのも気が楽でした。

そんなことで二〇一二年四月、按田餃子が開店しました。

持ち帰り
按田餃子
定休日なし
になりました。
按田餃子

一、助けたい包みたい按田餃子でございます

（鈴木陽介）

助けたい包みたい

人間一番淋しい時って、居場所がない時じゃないですかね。こんなことをいきなり言うと、どうしたどうしたって心配されちゃうかもしれないけど。時々そんな風に思うんです。

按田餃子を開く時、どんな人でも来られるようにしようって按田さんと話していました。おしゃれな人もそうでない人も、おばあさんもおじいさんも、ズボンに穴があいた人だって。毎日はちょっと困るけどいきなり店内でオペラを歌いだしちゃう人だって（そんな人いたらいいな）来てもらっていいんです。按田餃子はどんな人にも居場所として存在していたい。だからといって特別なことができるわけじゃないんだけど、ただただ来てもらって「ゆでらげ」と「水餃子」をあてに瓶ビールでも飲んで、〆に「一杯麺」とかどうですか。誰のものでもないし、特別な場所でもありません。たかが餃子屋ですが、どんな方にもご飯の時間と場所を提供したい。それが「助けたい包みたい按田餃子でございます」ということになります。だから、ひとりでも、誰かとでも、今日はもう面倒だから按田餃子でいいか。そうだな、それでいいか。という時に、お店に来てもらえたらとっても嬉しいです。

綺麗になりたい

そもそものはじまりは、どうにか女性がひとりでも、仕事帰りにちょっと寄ってご飯を食べられる、そんな店を作りたいと思ったことがきっかけでした。僕は、なんでも影響されやすいところがある。誰かがサーフィンをやっていたらすぐにサーフボードがほしくなったし、目玉焼きには醤油ではなくソースだ！　と言う人がいたら、二、三年はソースをかけたりもする。

「綺麗になりたい」。ちょっと恥ずかしい話だけど二〇一一年、僕は確実にそう思っていたのです。ヒゲは濃いめで中肉中背、面倒くさがりのダラシのないふつうの男が、美に目覚めたというとなんだか大げさだけど、仕事（本業は写真家です）で出会ったミス・ユニバース・ジャパンたちの影響を受け、美しく小綺麗で健やかなオーラを身に纏いたいと思いました。生まれ持った容姿ってものはどうにもならないけど、せめて食生活から彼女たちに近づきたいと、ポテトチップスの袋をベランダからポイポイ投げ捨てる勢いで（実際は今でも時々食べちゃうけど）二〇一一年の革命が起きたのです。

冷めた唐揚げ

さて夜ご飯、何食べよう。さっそく困りました。朝ご飯だったら新鮮なフルーツなんかを適当につまんだらよさそうなもんだけど、夜ご飯はそうもいかない。ＳＵＢＷＡＹのベジーデライトは昼にもう食べたし。とりあえず、スーパーでサラダなんかをカゴに入れウロウロしていると、僕と同じようなサラダ＋何かを探している女性がたくさんいるではないですか。そして、目の前の女性は迷った挙句、唐揚げを手にとったのです。べつに唐揚げが悪者ではないし僕がわざわざ心配するようなことでもないんだけど、その人は冷めた唐揚げをまるで三十年寄り添った旦那をしょうがなく拾いあげるかのようにカゴに入れたのです。

女性ひとりでも入れる店

なんでかなあ。ちょっと考えてみるとすぐにわかった。サラダと何か一品、お腹にたまって栄養のある気の利いたものなんてスーパーにはないし、女性がひとりでさらっとご飯を食べられるお店だってない。前にどこかで聞いたことがあるけど、女性ひとりで外食するのってハードルが高いようで、ちょろっと牛丼でも食べて帰ろうもんなら一苦労だそうです。そりゃそうだ。僕なんて牛丼屋のコの字カウンターで、向かいの人をジロジロ観察しながら食べる。これが結構いろんな人がいて面白いんだけど、見られるほうとしてはたまったもんじゃないですね。仕事で疲れて明日も早いし、牛丼でもサクッと食べようかと座ったら向かいのカウンターのヒゲモジャ男に退屈しのぎで見られるなんてさ。それを償うわけでもないんだけど、どうにか女性がひとりでご飯を食べられる、健康的で美しくなれる、そんなお店を作りたいと突然思ったのが、按田餃子のはじまりです。カウンターの向こう側の方、すみませんでした。

二、ふだんの食事はしびれ旨くなくていい

（按田優子）

「ふつうの味」を作りたい

私は料理をするのは好きだけれど、凝ったものは作れません。お店を開く時、はじめに考えたのは、私が「私たち」と一人称で呼べる人を思い浮かべて料理をしようということでした。巨大な同じ釜の飯でいこう、という作戦です。だから、誰かにとってしびれ旨い味ではなく、おおむね旨い。どんな人も寂しい思いをしないけど、思い出の味とぴったり同じわけでもない。何にも寄っていかないような「ふつう」の味を出すお店……と、想いをめぐらせてみました。

鈴木さんの写真集に『カレーライス』というのがあります。カレーライスは登場しません。鈴木少年が暮らした実家とその近所に漂うなんとも明るくなくて元気すぎない風景が、小学校の帰り道にどこかの家から漂うカレーの匂いと共に、鈴木さんの頭に鮮烈に焼きついていて、その時からずっと持っている「実家のあの感じ」が写真に収められています。鈴木さんはきっと小さな頃からずーっと続いている感覚を大切にしているのだな、面白いなと思いました。

ならば、私があの写真の感じを料理に翻訳するとどうなるか？　と考えてみました。おしゃれに興味が出はじめた高校生の時に友人の家に泊まりに行ったら、座布団カバーも布団カバーもとてもダサかった。やっぱり家はこんなもんなんだ、自分の家と同じでほっとした、みたいな、あまり表には出ないけれどみんなが知っている日常を料理に置き換えることにしました。そうやって面構えから按田餃子のメニューを考えました。型やジャンルはなくて、私はそれを「ふつう」と呼んでいます。だいたいの人の実家は頓珍漢でカオスに違いないと思っています。だから、お店で実家のような雰囲気を感じても、みんなびっくりしないと思ったのです、ふつうだから。飲食業界の禁じ手のようなものかもしれませんが、それすらよくわかっていません。

生活を邪魔しない料理

鈴木さんがしきりに言っていたのは、「按田餃子は乙女の雀荘」。はじめは、按田餃子の内装イメージのことかと思っていました。でも、次に出てきた言葉は、「雀荘ってさぁ、みんなが麻雀やりに来ていて、隣のテーブルのことなんてまったくどうでもいいし、ゲームの途中でご飯が出てくるんだけど、それが麻雀を邪魔しない類のご飯なの。家っぽいんだよ。そこになんか気の散る珍しい味のものとか知らない食べ物はなくて、みんな麻雀に集中してるの。そういう感じにさぁ、来てくれた乙女の生活が麻雀だとしたらだよ、お店の料理はごちそうでなくてよくて、彼女たちが自分の楽しい時間に集中できるようなものだよね」とのこと。考えのプロセスは違えど、鈴木さんも「家っぽく」、「生活の邪魔をしないように」と思っていたのでした。結果として内装は、雀荘にありそうなエンジ色の椅子がエンジ色の低めのカウンターにとって代わり、ヤニ茶けた壁紙はくすんだグレーの壁になり、女の子へのお気遣いなのかお便所の壁はピンクのタイルが選ばれたのでした。

気取らず食事ができるように

そういうことなら、私がそのお店で食べたい料理は？　と妄想すると、野菜たっぷりのワンプレートご飯ではないし、ナッツを散らした色鮮やかなサラダでもなくて、茹でただけの小松菜や海藻の入った汁だ。見た目が可愛らしいかは私にとってどうでもいいから、血肉になってくれ、と思います。お店に入る時の自分の服装も表情も気にしたくない。だから、自分と同じくらい料理の面構えがそういう不愛想さを持っていたらすごく嬉しい。おまけに店員さんが実家の母のような服装なら言うことなしです。

その妄想を按田餃子に落とし込んでいくと、大勢でわいわい賑やかに過ごすのには向いていなくて、ひとり、もしくは二、三人でさくっと食べて、一時間は居ないくらいの店。一五〇〇円くらいで飲み物一杯と食事を楽しめれば、その人の日常に組み込んでもらえそう。家に帰って作るなら近所の按田餃子で済ませるか、というくらいの人が食べたいものだから、そんなに作りこんだ味にしなくていいと思いました。

ある日、高校生男子が三人で食べに来てくれました。看板に「餃子」と書いてあったので、ラーメンとか焼餃子が食べられると思ったのでしょう。彼らは食べたかった料理がないので、仕方なく水餃子定食を注文しました。黙って全部平らげてくれたのですが、そのうちのひとりが「なんか、ふつうの料理だな。母ちゃんの味と一緒だもん」と言ったそうです。それを聞いたスタッフが「おめぇんち、すげーな、いい母ちゃんだな。と思いましたよ、按田さん」と教えてくれました。帰り際に別の子が「これって何料理ですか？」と訊くので、「じつはどこの国の料理でもないんだよ」と言うと、「そうか、ハイブリット餃子っスねー、うまかったっす」と言って去っていったとのこと。青年たちのその日の出来事になんの影響も与えない料理だったことに手ごたえを感じました。

たかが餃子

お店のメニューが決まる前に、鈴木さんが按田餃子の合言葉を「たかが餃子」にしよう！　と言い出しました。私たちが餃子を突き詰めるとつまらない店になると鈴木さんは思っていたのです。それは餃子に詳しくない私には好都合で、楽しさのある響きでした。どんなに異国の文化に詳しくても、やはり知識をもとに作るものと、そこに暮らす人々が作るものには圧倒的に温度差があって当たり前。本国ではこうしている、この地域では本来これを使うの……。なんていうことは、ほとんど作り手側の思い込みで、お客様にはちっとも関係ない。だから「たかが餃子」。この合言葉は、餃子だけでなく、他のメニューを作る時も通用します。自分たちのできる範囲で楽しくやろうというのが按田餃子の着地点です。やってみたいからやってみた、という感じではじめたお店なので私たちが楽しくないと続かないし、何より働くみんなが、餃子よりも自分の人生を大切にしてほしいという、なんとも鈴木さんらしい言葉です。

自炊の延長で調理する

私が楽しく作れて、スタッフにも伝えやすいのは、自分の家の台所で作っているものとさして変わらないもの。按田餃子の調理を、いつもの自炊のやり方の延長でやってみよう、と思いました。私がどんな自炊をしているのか、それは後の章で詳しく触れますが、小さな台所に置ける分の食材で作っています。

たとえば、乾物って意外と家にたくさんありませんか？　何も切り干し大根や高野豆腐を使ってアイデア料理をしようということではありません。ここで言う乾物とは、お米、乾麺、茶葉、のり、胡椒、そういう慣れ親しんだものののことです。これらは常温で収納できるので、必要な分だけ切り崩して料理に使えて重宝します。同じように、保存食もじつはたくさんありませんか？　梅干し、味噌、醤油、漬物、マヨネーズ、ケチャップ、ジャムなどなど、半年くらい放っておいてもさして状態が変わらないものを私は保存食と呼んでいます。乾物と保存食を、日々手に入れた野菜や肉と組み合わせて料理すると、買い物も調理の時間もぐんと少なく済むのです。持っていればさりげなく自分を助けてくれる相棒みたいに捉えています。

お店の料理も、乾物と保存食を軸に流れを作ると、スタッフにも働き方、動き方がわかりやすくなると思いました。乾物は戻し方を、漬物は塩分などをパーセンテージで伝えれば簡単に作れます。毎日毎日餃子を包み続ける淡々とした仕事ですが、働きながら、乾物と保存食を自然と料理に使えるようになってもらえたら嬉しいです。そして、それがみんなの生活の助けになったらいいな、と思います。

母が子に作る料理

私の実家のことを考えれば、子供の頃から母の料理は好きだったけれど、母は料理上手ではない気がしていました。多分それは、母が料理下手だったのではなくて、家族の健康を思って、食べさせたいものがふんだんに盛り込まれている料理の面構えがなんとなく変だったからだと思います。たまにその気持ちが行き過ぎて、超絶苦味のある青菜を湯がいただけのものや滋味深すぎるおかずが出てきて「苦くて食べられない」と文句を言うと「えー？？　苦くないよぉー？？」ととぼけます。絶対に苦いのにすごいな、この人は、と思っていました。子供に迎合してすべてを甘くしたりケチャップ味にしてごまかしたりしなかった母は、なんとしてでも食べさせたいものがあったのだと思います。子供の好物とか喜ぶからという気持ちとはべつに、淡々とした日々の営みのなかで一貫して自分が食べてほしいものを作り続ける。子供が小さい時には、自分が食事作りを怠ったら子供は生きていけない。ものすごい使命感を持って何十年も家族に食事を作る。これ、とても気力のいる営みで自炊とはまったく違うと思います。私は子供を産んで育てたことがないので、そういう料理を日々していません。ややこしい話ですが、家族の助けになりたいという使命感を持って母が私にしてくれたことを一方的に誰かにお返しする場としても私には按田餃子が必要です。

助けたい気持ちを食材に託す

じつは、お店をやろうと鈴木さんと約束するちょっと前に、母のガンがわかりました。母はいわゆる自然食おばさんでして、外食はしない、揚げ物や甘いものは食べない。代わりに食べるのは、野原で摘んできたヨモギを入れた蕎麦粉のお焼き。変な漬物。その他、題名のないソウルフード……。そういうわけで食事療法だけで治療することを選択しました（おかげさまで元気になりましたが、自己流で中途半端に実践するとあっという間に死にますのでご注意を）。

私は連絡をもらってすぐに実家に引っ越しました。それから半年間毎食、私は食事療法の先生による特別な指導のもと料理を作り続けました。幼い頃に体が弱かった私のために、母が身を削ってやってくれたことを返したかった。その時に食事指導をしてくれた先生が毎日食べるようにとしきりに言っていたのが、ハト麦を殻ごと砕いた粉とキクラゲでした。

そんな最中、お店を開くことが決まったので、ハト麦粉とキクラゲをいろいろな料理に取り入れることに必死だったのです。そんなに良いものならば、みんなにも食べてもらいたい。ハト麦にまったく興味のない人でも餃子の皮に練りこんであれば変じゃないし、食べる機会になるのではないか。子供に嫌いな野菜を食べさせるために大好物に混ぜ込むような戦法に出てみたのです。

とはいうものの、キクラゲとハト麦が母に効いたのだ、とは思っていません。食事と体調の変化の因果関係は、そのふたつだけでは測れないと思っています。キクラゲとハト麦は、私にとっては大切な人に元気になってもらいたいという気持ちの代弁者です。たとえば、きちんと作られた食材を使って料理したい、一食一食を丁寧に食べたいと願う人はたくさんいますが、それは自分を大切にしたいという気持ちのアナロジーだと思えることがあります。食べ物を自由に選ぶことができる環境だからこそ、こうありたい、という気持ちを食事に投影できるのです。私はというと、按田餃子で「みんなに元気になってもらいたい」と願いながら、物語を紡ぐようにお店をやっています。

三、自由に生きるための自炊

鏡を見るように自炊する

「助けたい包みたい」とは言いましたが、自分のペースで食事を作れるなら、なお結構。そんな人に、按田餃子は必要ないかもしれません。でも、楽しむことはとても大切だから、自炊が楽しくない人は按田餃子の近所に引っ越してくるか、按田餃子で働くか、あるいは自分でしなくていいように誰かに助けてもらえばいいと思います。

私にとって自炊は自分の調子を知るよい手段です。鏡で自分を見るのと同じように、どんなものを食べたいか、と心に尋ねてみる。それを今の私ならどうやって作るのか、自分で自分を観察する。そうすると、どんな流れのなかに身を置いていたいか知ることができます。私は、台所に立つやる気が起きないこともあるし、ほとんど家にいないこともあって、まじめに取り組んでいるわけではありません。飾らない自分を知ることができるので、料理の仕事とはべつの営みとして自炊が好きなのです。

私に合った自炊の方法

では、按田餃子の調理のベースになっている「私の自炊」とはなんなのか。

私は、昼ご飯を作るために、十一時から台所に立つ、夕ご飯を作るために、五時から支度をする、ということはしません。料理家でありながらなんですが、包丁を使うのがあまり好きではないので、休みの日に一日がかりでひたすら具材を切る、ということもしません。家にいる時は料理以外にもしたいことが山ほどあるので、火にかけているものが焦げないか心配したり、鍋のなかを十五分おきに見なくてはいけないのは面倒なので嫌です。

では、どうするか？　ひとりでは食べきれないくらいの肉の塊を、ドサッと水から茹でたら放っておき、その過程でできあがっていくものを必要な分だけ切り崩して食べつないでいます。そのほうが、性に合っているのです。そうすると、このぐらいの量がこの日数でなくなるな、という感覚がつかめてくるので、買い物の頻度や量もわかりやすくなります。

豚を茹ではじめたけれど、やっぱり今夜は友だちと飲みに行こう、となった時にも、その豚は一度火が通っているので、そのまま常温で置いておいて大丈夫。私はそのやり方が楽なので、パターンにして繰り返すだけ。ひとつ自分に合うパターンが見つかったら、そこから派生させて生活を考えていくとうまくいくと思います。

流れのなかにある料理

来客がある時も、その延長です。ある日、友人三、四人が私の家に食事をしに来ることになっても、準備のために一時間も台所に立ちません。そういう日は、たとえば、貝を焼きます。肉を茹でるのと同じで、貝をただ網で焼くだけ。オーブン代わりになる鍋があって、そのなかに貝を入れるのですが、その脇では、巨大な芋に火が通って、焼き芋になっている、といった光景です。今この鍋でラタトゥイユを作ってるよ、というわかりやすい絵面がないので、端から見ていたら、パーツが加熱されていっているなぁ、と感じるのだと思います。でも、私としては、パーツさえ加熱しておけば、あとは常備している乾物や、余っていた野菜で作った酢漬けやスパイスをトッピングすれば一品できあがるのです。私の調理の流れを一回見て食べたら、家でもこうすればいいんだ、と友人たちも納得してくれます。

今日は○○という料理を作ろう、と決めて、レシピを読みながら材料を揃え、A地点からはじめてB地点まで到達すれば、完成。おそらくこういうふうに料理をする人は多いと思います。でも、私にはそれはできないのです。私の作るものは、じつはすべてひとつの線上にあります。自分はその流れをどこで止めたいのか。それによって、できる料理が変わってきます。

チチャロンを作る

具体例を示してみたいと思います。南米には、チチャロン・デ・チャンチョと呼ばれる皮つきの豚バラ肉を柔らかくなるまで火を通した料理があります。現地では、家の台所でも庭でも市場でも作られていて、チチャロン専門店もあるくらい一般的な食べ物です。味もさることながら、なんといっても作り方が素晴らしい。味つけは塩のみ。火の通し方は状況によって様々。容器に入れて土窯でじっくり焼いても、鍋で作ってもいい。はたまた炊飯器だっていいのだから、どんな人だってぜひ自分の生活に合った方法で作ってみてほしい！　簡単でおいしい料理といわれるものはいろいろあるけれど、私にとっての簡単とは、あまり包丁とまな板で切るものがないことと、時間を気にしなくていいものです。うちには土窯も炊飯器もないので、中華鍋で作ります。

❶まず中華鍋に水をはり、塩を入れて豚を茹でる。

塩加減も火加減もなんでもいいです。私はガス台の火加減ほどの微調整はしたくないので基準を野外に合わせます。薪だったら、そんな火力調整はないでしょう。それで、もうずっと茹でればいいのです。蓋はしてもしなくても、これはあなたのうちの自慢料理になるので好きに作ってください。

❷鍋のなかの水が減ってきたところで、再びたっぷりの水を注ぐ。

ここでいっそのこと、茹で汁をすべて中華鍋からあげてしまい、スープなどを作るためにとっておいてもよいです。その時は、新たに肉が浸るほどの水を入れ、塩も足します。

❸一時間くらい茹でると、おいしい茹で豚とスープができあがる。

茹で豚は、

・スライスしてそのまま食べる

・麺や炊き込みご飯、炒め物、サンドイッチの具にする

スープは、
・野菜を入れてポトフ、豆や春雨を入れてスープにする
・麺を入れてラーメンやビーフンにする
・炊き込みご飯にする　……など食べ方はいろいろ。

チチャロンを作ろう、という決心から、今日はやっぱり途中で止めて、茹で豚とスープだけ取り出してビーフンにしました、と気が変わってもいい。味噌味にしても、醤油味にしても、トマト味でもカレー味でも、その時の気分で決めてみてください。按田餃子では、茹で豚とスープができたところで止めて、いろんなメニューに使います（39ページ参照）。

❹肉がさらに柔らかくなり、水分が減ってきたら、ここからがクライマックス。

じーっと観察したくなる瞬間の到来です。水分と豚から出てきた油の分量が逆転し、今度は豚が自分の脂分によって揚げられていきます。皮つきの豚ならば、皮をはずしてわきで揚げるとカリカリに！　肉はほろほろに。こんがり表面に焼き色がついたらできあがり。

チチャロンは、真夏でなければ常温で五日間くらい持ちます。水分が飛んでいるので、茹で豚より日持ちがするのです。

私は別のお皿をのせて蓋をして、そのまま台所に放置します。

チチャロンの食べ方は、
・豆の煮込みに加える
・南米風のモツと豆と芋の煮込みにする
・その他、茹で豚とまったく同じ食べ方ができるいかがでしょうか。この料理の道中、おそらく二時間くらいの間に、じつはたくさんのことができます。メールチェックに掃除に洗濯。誰かを家に招いて、おしゃべりしながら作って食べるのもいいと思います。

私は自分のやる気が一番信用ならないのです。ニンニクのみじん切りをはじめたと思ったら次に壁にペンキが塗りたくなっている頓珍漢です。だから、誰かにどちらかをお願いするか、べつの作業もこなせる料理を作るしか道がないのです。みんなはそんなことにはなっていないと思いますが……。今までできなかったことが、急にできるようになるなんてそうそうない。自炊なんてしなかった頃の生活のペースを変えないで、自炊ができる作戦があるならいいと思いませんか？　私にとってはそれがチチャロンでした。ちなみに、この考え方に共感してもらえたら、豚肉の他にも、鶏肉だって豆だって魚だって同じです。調理の過程でいくつ道草を摘めるか、見つけてみればいいのです。

按田式・調理の仕組み図

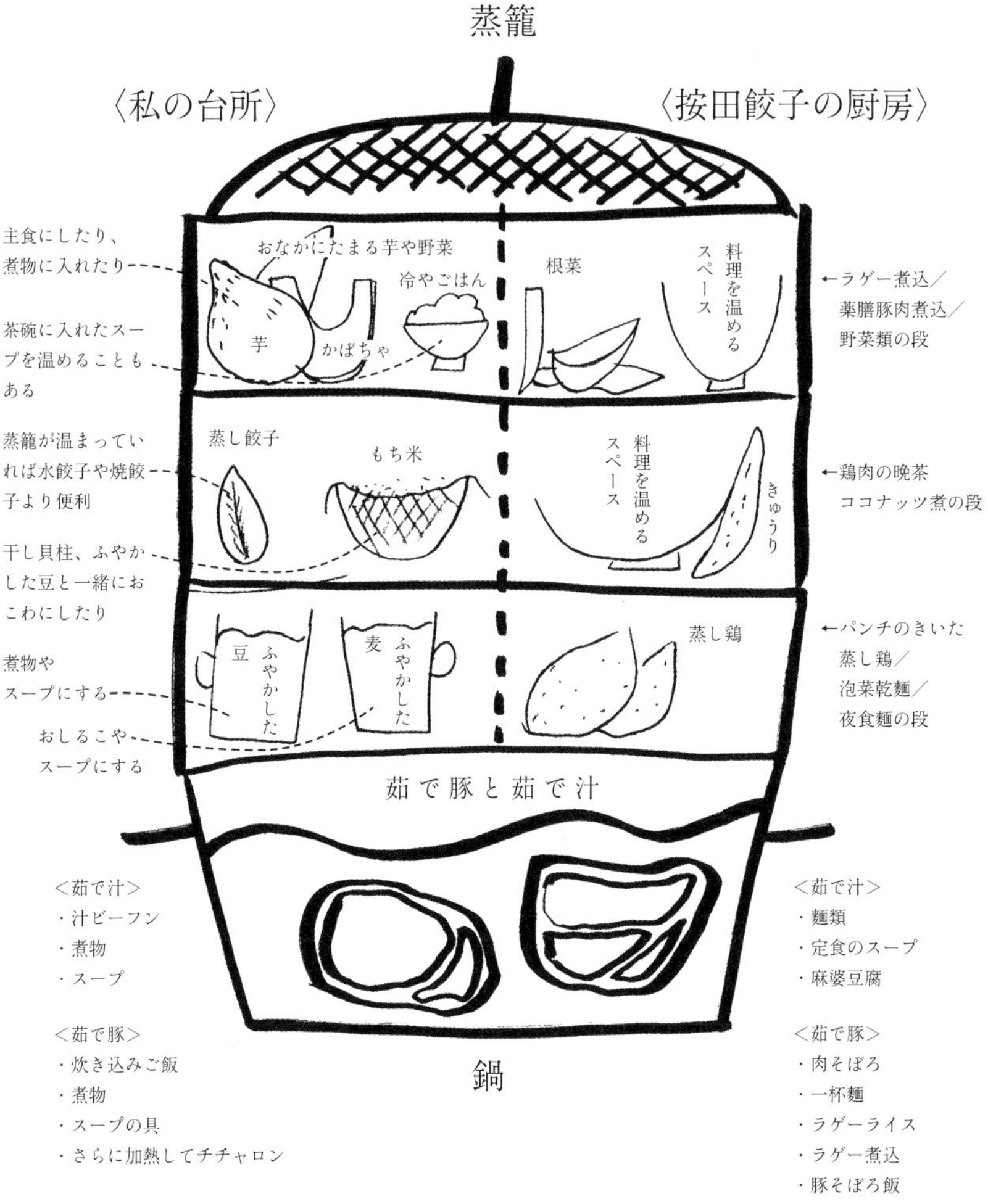
蒸籠
〈私の台所〉
〈按田餃子の厨房〉
主食にしたり、
煮物に入れたり
おなかにたまる芋や野菜
冷やごはん
芋
かぼちゃ
茶碗に入れたスープを温めることもある
根菜
料理を温めるスペース
←ラゲー煮込／薬膳豚肉煮込／野菜類の段
蒸籠が温まっていれば水餃子や焼餃子より便利
蒸し餃子
もち米
料理を温めるスペース
きゅうり
←鶏肉の晩茶ココナッツ煮の段
干し貝柱、ふやかした豆と一緒におこわにしたり
豆
ふやかした
麦
ふやかした
蒸し鶏
←パンチのきいた蒸し鶏／泡菜乾麺／夜食麺の段
煮物や
スープにする
おしるこや
スープにする
茹で豚と茹で汁
<茹で汁>
・汁ビーフン
・煮物
・スープ
<茹で豚>
・炊き込みご飯
・煮物
・スープの具
・さらに加熱してチチャロン
<茹で汁>
・麺類
・定食のスープ
・麻婆豆腐
<茹で豚>
・肉そぼろ
・一杯麺
・ラゲーライス
・ラゲー煮込
・豚そぼろ飯
鍋

按田餃子の厨房

ご飯と味噌汁の献立は捨ててしまった

最近の私にとって気軽な一食の献立は、茹でた肉と芋を組み合わせたもの。チチャロンの要領で、肉を茹でている鍋の上に蒸籠《せいろ》を置き、芋を蒸します。それにあり合わせのものを加えて食べます。もちろん、最終的に名前のついている料理にならなくてもいいです。日本の家庭らしく、ご飯を炊いて、魚を焼いて、ひじきの煮物とおひたしと味噌汁を作って、ということはしません。そういう食事は、冷蔵庫に常備菜を仕込んでおかないとできないと思うのです。そして、その方法は、ひとり暮らしの人には向いていないと思います。完成品を保存するのでなく下ごしらえした食材をパーツで持っていたほうが、毎日同じ味のものを食べなくて済む。自分の炊事に型や様式があることは時に便利ですが、その時自分が食べたいと思ったものを食べられる自由さを大切にしたいと思っています。

自炊＝自立

私が料理をはじめたのは、実家を出てひとり暮らしをするようになった二十代の頃です。給料が十二万円で、家賃五万円のアパートに住んでいました。お金がないので飲み歩いたりできないし、旅にも行けません。その頃は、パンとお菓子を作る仕事をしていたので、賄いは必然的にパンが多く、家では、鮭のアラを買ってきて煮物にしたり、野菜や豆をたくさん使ったスープなど、工夫して作り置きをしていました。ちょっと余った人参のヘタを味噌に突っ込めば漬物ができあがるし、大根を買えば葉も根も使えて助かるし、そんな風に長く食べつなぐ工夫をするのが好きでした。

最初に買った調理器具は、中華鍋と蒸籠、蓋つきの二十センチくらいの鍋。中華鍋があれば、焼けるし、炒められるし、茹でられる。風呂なしのボロアパートなので、電子レンジなんて、ブレーカーが落ちるから持てないのです。そこで、蒸籠があれば、なんでも蒸せるし、ご飯も温められるのでいいかなと思いました。あとは蓋つきの鍋で、スープや味噌汁を作ります。その時は、冷蔵庫も炊飯器も、ひとり暮らし用のものを持っていました。

何より自分のためだけに料理するのは面白い体験でした。ちゃんと作れなくてもいいし、どこまで傷んだら食べられなくなるか、自分で決めたことが全部自分に降りかかってくる。自炊を通して自立していく感覚が楽しかったのです。

臨機応変に料理をする

結婚していた時期もありました。相方と一緒に食べるので、今までよりも体裁の整ったいたってふつうの家庭料理も作るようになりました。鍋の日があったり、炒め物があったり、リクエストがあれば卵焼きや豚の角煮、鶏の唐揚げなど、自分ひとりではまったく興味のない料理も作るようになりました。仕事に出かける前にお弁当も毎日作っていました。

ある日離婚をして、ほとんどの家電を持たずに突如新しい生活がはじまりました。そこから、生活に対する考え方が変わっていったのだと思います。勤め先の賄いでご飯粒は食べられるので、家ではご飯は炊かなくていいな、と思い、炊飯器は買い足しませんでした。そしていつからか、日々のどんなことも受け入れる作戦に変更しました。出先で見つけたものや、知人からの旅のお土産など、向こうからやってきたものを喜んで受け入れて活かす。そうやって体調を維持できたら、とても健やかで最強だと思うようになりました。子供の頃は体が弱くて食事制限のあった自分からそんな発想が出るとは、嬉しい驚きでした。

そんなことをぼんやり考えているうちに、都会に住んでいる私に冷蔵庫なんて要らない気がする、スーパーやコンビニを冷蔵庫と見立てて銭湯みたいにみんなで使えばいいんだ、と思うようになりました。その頃、東日本大震災が起きたタイミングで冷蔵庫の電源を切ってみたのでした。野菜も肉も魚も、食べきれない分は干すか漬けるかして保存していくのです。それはそれは自分の経験値や許容量などの身の丈をよく知ることができて、貴重な経験となりました。そうして生まれたのが『冷蔵庫いらずのレシピ』という本です。

箱庭を作って暮らす、をやめる

ある時、『冷蔵庫いらずのレシピ』を読んだ旧知の方から、その保存食のアイデアを利用してインフラの整っていない地域での国際協力事業に参加してみないか？　とお話をいただきました。海外で仕事をする経験はありませんでしたが、とても興味があったので喜んで引き受け、五年近く一年に一回、約一か月間、ペルーでお仕事をすることになりました。寒い日本の冬から一気に灼熱のジャングルに。あるいは、じめっとした日本の夏から一気に標高三千メートルの乾燥した寒い山岳地帯に。ペルーには地域によって三つの気候があるので、一週間ごとに別の地域へ移動すると、気候も食べ物も生活のリズムもすべて変わります。体調を崩さないように気をつけました。まさか、梅干しとフリーズドライの味噌汁を持っていく、という気をつけ方ではありません。あぁ、昨日とは違うところにいるんだ、とみとめて即座に寝返るだけです。だけどこれがなかなか難しい。たとえば、アルバムを開いて小さな頃の自分を見つけて、昔はこんなことがあったとか、こんなものが好きだったとか、親から聞いたりして、もうすっかり忘れてしまったその時の実感を再構築して自分の思い出にすり替えるような、そんな脳みそでは暮らしていけませんでした。できるだけ慣れた環境に身を置きたいという発想が、自分の暮らしぶりに染みついていたのかもしれないとハッとしました。おかずを作り置きしたり、日本の家庭の姿みたいなものを上辺だけすくったりしながら得た箱庭感。そういう今までの習慣を、日本に帰ってからも、もう続けないことにしました。自炊は大切だけど、毎日の食卓に何品も並べられることが料理上手で家庭的、みたいなことはないと思います。そういうモデルは要らないし、それにとって代わる別のモデルも要らないのです。銘々が好きなように料理をすればいいと思います。

按田餃子だってそうです。お店で出す料理だから色合いが鮮やかなほうがいいとか、流行りを取り入れたほうがいいとか、飲食店にある約束事のようなことは気にせず、自分の好きなようにメニューを作り続けたいです。

ある日の自炊

【三月十日】

　豚の塊肉を買って向こう一週間の炊事の目処をつけようと、午前中にスーパーへ行くと、珍しく大きな丸鶏が安売りされていた。自分の読みからすると、五百グラムくらいの塊の豚肉を買えば、一週間から十日は食べられるから、鶏肉はまったく必要ないのだけど、今日は来客があるから、豚も鶏も買うことにした。鶏のお腹にパセリの茎や人参のヘタ、朝搾ったレモンの残骸と塩などなどを詰め、外側にも塩をなすってオーブンに入れて一時間半、ほったらかして焼いた。キャベツの外葉とか人参とか大根とか、目についたものを布団のようにしいて鶏をドンとのせると、肉が天板にこびりつかないし、野菜に肉の味がしみ込んでおいしい。

　そして昨日のうちにふやかしておいた豆があるから、茹でようと思ったところ、芋も食べたくなってきたから、今日は豆と芋を同時に調理することにした。そういう時に蒸籠は便利で、マグカップに豆と水を入れて、里芋は皮つきのまま空いている場所に入れて蒸した。これで、だいたい料理の部品みたいなものが算段できたので、あとは人が来てからすればいいやと思い、掃除したり家の中をうろうろしながら気になることをした。

　今日は、どうしても豚肉で作るチチャロンをお客さんに食べてもらいたかった。なのに、鶏を焼いてしまった。だけど、大丈夫。鶏は今日食べても食べなくてもいい。そして、チチャロンは作るところがとても楽しいから、ぜひ一緒に作りたかった。おしゃべりしながら蒸籠に火をつけて、豚肉は鍋に入れて火にかけた。客人のお土産はイチゴだった。この人はよく果物を持ってきてくれて嬉しい。チチャロンを作るのは二時間弱かかるから、先にできあがった鶏の丸焼きとついでに焼いた野菜にイチゴ。食べながらおしゃべりしたり、台所に行ってチチャロンの様子を見たり。

　そうこうしているうちに、チチャロンができあがったので、豆も芋も一緒くたにして食べた。刻んだ玉ねぎとレモンを添えるとペルーで食べた味になって、思い出話がはじまった。ひとしきりおしゃべりして、客人が帰ったあと、ほとんどの食べ物が残った。そりゃそうだ、肉だけで換算したら私の二十日分くらいの量だもの。でも、もう按田餃子に行く時間だったから、豆と芋は蒸籠の中にほったらかし。豚肉は鍋の中に、鶏肉は机の上に食べかけのまま、どんぶりを逆さまにして蓋をしておいた。

　按田餃子から戻ると、私は鮭とご飯を食べたくなっていた。冬に新巻鮭をもらってからというもの、鮭がたびたび食卓に登場する。そんなわけで、白米を一合くらい研いで土鍋に入れて炊きはじめた。炊きあがる手前で鮭を一切れ米の上に置いて火を通した。お供にと、いりこで出汁を取って先ほど蒸かした里芋で味噌汁にして、椀にふのりを散らした。全部は食べきれなくて、ご飯も鮭も半分は土鍋に残したまま、眠った。

【三月十一日】

今日は誰とも会う約束がないので、昼からのんびり昨日の鶏肉と野菜を食べることにした。オーブンでじっくり焼いた鶏は、骨の髄まで食べられる。そして、昨日の残りの鮭ご飯を温めなおしてお供にしようと思った。お茶を飲むついでに沸かしたお湯を少し拝借してサフランをふやかし、そのまま土鍋に入った冷ご飯にジャッとかけて、オリーブオイルもかけて弱火で温めなおした。全体的に温まったらパセリを刻んでどっさり散らして、レモンのくし切りと一緒にお皿に盛って食べた。なんとなくワインを一杯だけ飲みたくなった。

さすがに豆は傷むので（そうです、前日マグカップで茹でた豆の残りはまだ蒸籠に入りっぱなしです）、今日は食べるつもりはないけれど、刻んだ漬物とチチャロンを二切れ加えて土鍋で煮込み、そのまま放置して翌日に持ち越すことに。チチャロンと漬物に塩味がついているので、ひとまず煮てから味見。結局追加の味つけはしなくて済んだ。

夜は、以前雑誌にレシピを掲載するために試作用に使ったトルティーヤがあったので、昨日の鶏肉をさいてコリアンダーの葉と胡瓜と一緒に巻いて、ヨーグルトに「味の要」（150ページ参照）を混ぜたものをつけて食べた。夕飯が終わったところでチチャロンと鶏の丸焼きの残りを冷蔵庫に入れた。こんな時、冷蔵庫はなんて便利なんだ！と感心する。

【三月十二日】

取引先のメーカーが新しい油を開発途中で、その油をどういう料理に使えばよいか相談を受けていた。今日はその試作をしようと思ったので、お昼は昨日の煮込みと先週買ったカンパーニュでほどほどにした。自炊に時間がかからないと、料理の試作でも別の作業でも心置きなく没頭できてすごく嬉しい。さらに、一昨日調理した肉類は当分日持ちするから急いで食べなくていいのも気が楽。私はあまり胃腸が強くないのでたくさんは食べられないから、自分がどんどん作ってしまう料理の始末に困ることがある。その精神的プレッシャーたるや……。一度に四種類のすまし汁を二リットルずつ作ることもある。そんな時には、近所の行きつけのパン屋さんに持って行ってカンパーニュを買いがてら、すまし汁を置いてくる。そうやって家にあるものを小さくするために買うのがカンパーニュ。日持ちもするし。

【三月十三日】

そういえば、先週作って冷蔵庫に入れっぱなしにしていたファラフェルの種があるのを思い出した。冷蔵庫は便利だけど私はうっかり自分が何を入れたのか忘れてしまうことがある。ふやかした豆は塩を加えて細かくつぶして取っておくと、ゆうに一週間は傷まない。そこに玉ねぎやハーブなど水が出るようなものが加わっても同じ。塩の保存力はすごい。冷蔵庫もすごい。今日も引き続き、例の油の試作をするので買い物には行かないでファラフェルを揚げてヨーグルトに刻んだコリアンダーの葉を加えて食べた。

【三月十四日】

今日の昼は按田餃子のスタッフと賄いを食べた。自宅の二階には、お店用の自家製調味料や物販用の調味料を製造する作業所があって、そこで作業する時は、自宅で賄いを作る。先日の鶏の丸焼きの残り全部にひきわり豆と水を鍋に加えて煮ただけのスープ。しかし、お腹に詰めた香味野菜なども入っているので、追加の味つけなし。私は鶏肉のお腹の中には結構塩をしっかりきかせる。そして、いよいよ今日くらいにはファラフェルは食べきったほうがよいので揚げて、昨日と同じようにヨーグルトとコリアンダーを添えて食べた。

　お店では、包み損じの餃子や、破れた餃子の皮、余った薬味、青菜、ちょっと残った茹で豚、蒸し鶏の切れ端などなどを、銘々が工夫してその辺にある調味料で賄いを作る。店にある材料が別の眼差しを通して違う料理になっていくのを見るのは面白い。スタッフが家で作ってきたおかずの差し入れもあったりする。そんな日は、按田餃子にはない香りが漂ってみんな嬉しそうにしている。

　友人が泊まりに来て家で一緒に晩ご飯を食べた。身内みたいな仲のよい友人なので昼の残りのスープに心置きなく山芋を追加投入。これで鶏の丸焼きは食べきった。ファラフェルも揚げて食べきった。友人がおかずを作ってきてくれたので食卓が華やいだ。

【三月十五日】

早めの昼ご飯は、先日のチチャロン（数枚薄切り）、鮭と刻んだ漬物の炊き込みご飯、蒸し餃子。炊き込みご飯は、先日の鮭ご飯の応用。とにかくご飯が炊けるまでの時間内で、鍋の中に何かを加えていけばいいだけ。漬物の部分がケッパーになったり、鮭の部分がチョリソーになったり、米の一部が芋類になったり。水加減もいつもの白米と同じ。

　鮭の切り身は辛口を買いたいけれど、甘口しかない場合は、私はさらに塩をまぶして空のとろろ昆布の袋に入れなおして冷蔵庫へ。とろろ昆布は按田餃子で出しているスープに使うので、袋は一日に数枚出る。それを持って帰って食材を入れるのに使っている。ジッパーがついているし、ほどよく大きくて食材がよく入る。昆布が入っていた袋なら洗わずに直接食べ物を入れて、一回使ってから心置きなくゴミ箱へ。チチャロンも鶏の丸焼きも、漬物を作る時もぜーんぶとろろ昆布の袋に入れる。空気に触れないってすごい。

【三月十六日、十七日】

友人と金沢へ。海鮮をたくさん食べて、加賀野菜、海藻類など東京で手に入りにくい食材を自宅用に買って帰った。家の冷蔵庫には急いで食べる必要のないチチャロンと鮭しかないので、心置きなく買い物できた。ちなみに、寒い時季ならここで冷蔵庫の電源を切ってしまうこともある。そして庫内がむれないようにドアは全開。ちょっと不安だな、と思ったら、酢や塩を食材の表面にまぶせば大丈夫。そんなことをしてまで冷蔵庫の電源を切る必要はないのだけれど、そうやって帰ってきて、元気に（!?）食材が生き延びているのを見るのが楽しい。

【三月十八日】

　友人が野菜を持ってきてくれるというので一緒に家で晩ご飯を食べることにした。どのくらい何を持ってきてくれるのかわからなかったから、ひとまずムール貝と殻つきのホタテ貝を買った。貝は単純な調理でも十分おいしいし、食べる量のわりにかさばって短時間で食卓が華やぐからとても気に入っている。夏になれば磯遊びをしながら岩にくっついた小さな貝がとれる。それを味噌汁に入れるのもすごくおいしい。今日はホタテは網焼き、ムール貝は酒蒸し、持ってきてくれた大根葉は炒めて、他の野菜は蒸した。貝は海藻を食べる

から、磯の香りがぎゅっと詰まっていておいしいね、とおしゃべりしながら〆はどうしようかという話になり、ムール貝の汁に醤油を加えて茶碗ラーメンにした。具は、チチャロンを薄切りにしたチャーシューとふのり、ルッコラ。

大根葉を食べていたら、そういえばこういうのが今の時季だと多摩川の土手に生えている気がしてきた。それで、明日行ってみようかということになった。ヨモギや野蒜、クコの新芽なども見つかるはず。春は野草、梅雨は梅、夏は貝、秋は花梨、ぎんなん。東京に住んでいても一年じゅう採れて何か作るには事欠かない。

【三月十九日】

というわけで、朝からお弁当を持って多摩川に行くことにした。昨日のラーメンの残りのスープで炊き込みご飯を作っておにぎりにした。自分たちが食べたものだし、あんなにおいしいムール貝の出汁をみすみす捨てるわけにはいかない！ という気持ちが強くて、当然のように米に吸収させた。そんな私たちの最近の口癖は、「買ったら負けだ」。小さなスコップとスーパーのレジ袋を持っていき、ヨモギと野蒜と花大根をたくさん収穫した。もうこれで向こう一週間は買い物に行かなかったとしても大丈夫そうだ。結局、豚肉と丸鶏を買って以来、買い出しらしいことはしなくても、友人が持ってきてくれたり、旅先で買ったりして食べつなげた。

【三月二十日】

昨日摘んできたヨモギで草団子を作った。あんこを作っている間に友人と野草類を洗った。小豆はふやかさなくても煮られるので気に入っていて、多めに茹でた。一部を今日の団子に、残りはそれぞれお汁粉と塩小豆にして冷蔵庫に。小豆に塩を振っておくと五日くらい日持ちする。それを味噌汁に入れた「いとこ汁」という精進料理を能登半島で食べたことがあって、えらくおいしくてそれ以来たびたび作る。

友人は野蒜をニラに見立てて麻婆豆腐、花大根の根っこは硬そうだけど炒るとすぐに火が通ったので、醤油とみりんできんぴらにしていた。天気がよかったので机や椅子をベランダに出して白ワインで乾杯。今日買ったのは豚ひき肉と豆腐とワインだけ。こうやって一回の食事にどれだけ買い物をしたかわかると、目の前の食卓が自分たちの工夫でできあがっているのだなと、とっても幸せな気分になる。ワインだって安いものなので、今日の買い物は千円でおつりがきてしまう。

お腹も一杯になって、二人で草団子作りを楽しんだ。上新粉を水で練って適当な大きさにちぎって蒸かし、さっと湯がいたヨモギと一緒にすり鉢で搗く。結構力がいるから交替でやった。すり鉢は調理器具にもなるし容器にもなるから、フードプロセッサーよりも便利な場合があって大中小と持っている。きれいな緑色の生地ができあがったら、たっぷりあんこを入れて包んできな粉をまぶした。たくさんできたので、按田餃子に持って行った。

【三月二十一日】

草団子を作ったついでにお汁粉を作っておいたので、それにかぼちゃを加えてかぼちゃ汁粉。家で食べたのはそれだけ。今日から外出が多くとっても忙しくなる。予定の変更も多くなるので料理はすごく控えめにしようと思った。

四、料理の軸になる食材たち

私にとって食材は相棒です。台所にあるものがどんな風に自分に手を貸してくれるかな、私はその食材の魅力を見つけて料理できるかな。そういう感じで、生活を手助けしてくれる相棒を探しながら暮らしてきました。

自分の体質を知り、食べ物を選べるようになる。これは、小さな頃から目指していたことです。十歳くらいの頃、虚弱体質だと言われて食事療法を施され、体力をつけないといけないと言われ、水泳教室に通っていました。教室に行く前にアレルギーでくしゃみが止まらなくなることが多かったのですが、なぜだかある日、油をひかないフライパンで豚バラ肉を弱火で焼いて味つけせずに食べてみたくなりました。その頃の私は、動物性の食品を一切禁止されていました。だけど、どうして自分は食べてはいけないのかよく知らなかったので、焼いて食べました。すると、みるみるくしゃみが止まり、もりもり元気が湧いてきてたくさん泳ぐことができました。それ以来、私は豚肉に圧倒的な信頼を寄せるようになりました。

その頃、体調が悪くなるとしょっぱい梅干しがとっても甘く感じました。だから、三個も四個も食べたくなりました。しかし回復してくるととってもしょっぱく感じるので、あぁ、自分は元気になったから明日は学校に行ける、と思うわけです。そんな風にしながら、自分の体と食べ物が状況によって関係を変えていく体験を何十年分も集めました。世界中に数多ある食材やスパイスを探究してみることが楽しいので、行く先々でいろんなものを試して、生活にとりこめるものと親しみながら暮らす、というかたちになりました。按田餃子でも自分の経験から知ったなじみの食材を使っています。食べに来た人が知らない食べ物と出合い、新しい発見をひとつでもしてもらえたら、とても嬉しいです。

(1) 主食　お腹にたまって元気が出る

私は口で味わって世の中を解釈している、まるで子供のような段階の大人なので、食べ物への許容は他者への許容と同じだと思っています。なんでも食べてなんでも消化して身にしていく気持ちで生きるのが、健やかだと思います。ひとつに決め込まないでなんでも試してみて、自分の状態を観察してみるといいと思います。

主食もご飯やパンだけでなく、もう少し幅を広げて捉えてみると、添える料理や味つけの幅も広くなるかもしれません。夏と冬では主食が違うかもしれないし、自分がこれだ、と決め込んでいた根拠は意外にぼんやりしているかもしれません。どんなものを主食にできるだろうかと思いを巡らせていると、いろいろ可能性が広がって、これなら世界中で生き延びられる！　と勇気が湧いてきます。そして若者にそういう気持ちを持ってどんどん外に出て新しいことに挑戦してほしいと、母心のようなものが出てきます。

【芋】

仕事でペルーのアマゾンを訪れていた五年間、みんなで食べる賄いの主食は陸稲《おかぼ》や、食用バナナ、キャッサバ芋でした。帰国後もしばらくは日本の芋を主食にしながらジャングルに思いを馳せてみたりしているうちに、体調もいいし、自宅でもじつに効率的に料理ができることに気がつきました。それで、家では芋だけを主食にすることが増えました。種類は主に、山芋、長芋、里芋、サツマイモ。蒸かした芋類は皮をむかなければ常温で転がしておいても二日くらい平気です。里芋を蒸かしておいてそのまま食べてもいいし、汁物や煮込みに使ったっていい。東南アジアやミクロネシアの料理を見ても、里芋の仲間にはいろいろな種類があって多用されています。南米料理にはジャガイモやサツマイモが似合うし、山芋は中華料理にも合います。長芋は火を通さず食べられるの

で、これも便利です。漬物やとろろにしてもいい。味噌汁に入れてもおいしい。旅先でもついつい芋を買います。おっ、自然薯が売ってる！　と興奮してしまいます。

按田餃子には「野菜類」というメニューがあって、味のついていない蒸しただけのサツマイモなどの根菜類や葉物が茶碗に入っています。私は、お米は食べたくないし、かといっておかずだけが食べたいわけでもないという時があって、そういう時には味つけがどうのこうのはいいので、こういうものが食べたくなります。夜遅くに来たお客さんが「野菜類」を主食と見立てておかずと一緒に頼んでくれることがあります。私だったらこう頼む、というのと似ていると、その人にとても親近感が湧きます。

【乾麺】

仕事の関係で台所にパスタや素麺、中華麺があることもありますが、自分で買って常備しているのは、蕎麦とビーフンです。蕎麦は、ざる蕎麦がとても好きで、友人と家でお酒を飲んだ後に〆で出したり、さっと済ませたい昼間に食べたり重宝しています。麺つゆは、これもまた仕事の関係でかつお節や昆布がたくさん家にある時にまとめて作っていて、薬味を替えて食べています。思い立ったら十五分後にできている気軽さがとても好きです。ビーフンのよいところは、火の通りが早いところ。食感も味も大して好みではありません。だけど、結局よく登場するし、おおむね好きなのです。太さがいろいろありますが、それも買い物する時の気分で決めています。細ければ汁にそのまま入れて煮てしまうこともあります。たっぷりの水でふやかして冷蔵庫に保存しておいて、チチャロンの途中でできる豚の出汁でスープを作ってニラでも刻んでビーフン入れて終わりの時も。ビーフンを食べる時にはだいたい汁ビーフンです。具になるものは、だいたいその時にあるものを使っているので、特に決まりもなく毎回違う面構えになりますが、豚の出汁と塩とほんの少しの魚醤で味が決まっているので、いつもの安心する味になります。

【小麦粉】

お米を炊くよりも、小麦粉を練って生地を作るほうが水加減を気にしなくてよいので気楽です。たとえばマグカップに小麦粉をスプーンで入れて、ちょっとずつ水を加えながら菜箸一本でぐりぐりっと混ぜてちぎれば、すいとんが五粒できます。豚汁や、スープのなかに入れれば腹持ちのよい一品になります。同じように五粒分の餃子の皮を作ることだってできます。そんな風に少しずつ使っています。細かな水加減はしなくて大丈夫。小麦粉は水で練って加熱すれば、固まって形状を保てます。穀物は粒よりも粉になっていたほうが圧倒的に火の通りがよく、焼く、茹でる、蒸す、揚げるなど調理法の幅も広がります。郷土料理に穀物の粉を練ったものが多くあるのは、忙しい農作業の合間に調理しやすい粉食が便利だったからでは、と考えてみると納得です。穀物のなかでも、小麦粉はまとまりやすく融通がきくので、慣れ親しむと重宝します。

【でんぷん】

春雨には様々な種類があって、緑豆や地下茎や根（サツマイモ、ジャガイモ、ワラビの根など）のでんぷんから作ったものがあります。春雨はどんな形状でもたっぷりの水で数時間戻してから使います。私は料理の直前に熱湯で戻すことはありません。戻し時間だけみると、なんだか乾物類は面倒な食材に感じるかもしれませんが、私のような、目の前の料理の準備をしない人にとっては、最高に便利だと思うのです。戻し時間ですが、数時間とはいったけれど、そのまま常温でうっかりまる一日浸しっぱなしでも大丈夫です。使わない分は気が向いた時に水気を切って容器に入れて冷蔵庫にしまえばいいのです。だから、そのまる一日ある猶予の中で料理に使ってもいいし、使わなくてもいい。私の場合、料理したいからというより戻したいから戻すだけ。ビーフンと同じく一週間くらい冷蔵庫で日持ちします。水をはった容器にぽいっと放り込むだけで一週間、気軽に使える状態になっているなんて、すごく便利です。お盆などの平べったいもので戻すのがおすすめ。チチャロンの途中で、ほろっと柔らかくなってきた豚肉を取り出して小さめに切り、刻んだ漬物と一緒に炒めて、ふやかした春雨を入れて五分くらい温めたものをよく食べます。中国東北地方を訪れた時に食べた味がお手本です。

もうひとつ、でんぷんで重宝するのが葛《くず》。水で溶いて鍋に入れ、弱火でゆっくりかき混ぜて葛がきにすると、あっという間に主食ができあがります。今の私の食卓に滅多に登場はしませんが、梅干しを添えると体調が優れない時の助けになってくれます。

【米】

お米はどんなおかずにも合うし、炊き込みご飯におかゆに、はたまた炒って使ったりもできます（１４３ページ参照）。ただ、私は米を食事の中心ではなく、他の主食と同じように捉えています。乾物は、乾いているからこそ保存がきくし、必要な分だけ切り崩して使うことができるのが大きな特徴なので、お米も

その例に漏れず、少しずつ炊いています。コーヒーのメジャースプーンで三杯量るとちょうど私の一食分くらい。メジャースプーン四杯の水に二十分くらい浸して、土鍋で弱火にかけます。時間は計りません。とにかく弱火で炊いているうちに、水分が飛んで鍋底から香ばしい香りがしてきたら火を止めて蒸らします。鮭ご飯が食べたい時は、炊きあがる少し前に、鮭の切り身を投入するだけです。

出かけなければならない時は、すし酢を常備していて、ジャーッと適当にふりかけて軽く混ぜておけば、土鍋にそのままご飯を放置して家を出られます。夏場の常温で二十四時間置きっぱなしでも、腐らないしバサバサになりません。これがプラスチックの容器だったらそうはいきません。土鍋は保存容器としても優れものです。しかも、小さな土鍋はバーベキューでも活躍します。とにかく「弱火で水分が飛ぶまで」と覚えておくと、くすぶった炭のところに土鍋を埋めておけばいいな、とわかります。とっても上手に炊けますよ。肉を焼いている脇で土鍋ご飯、最高です。

⑵ 肉と魚介　体が喜ぶ、馬力が出る

だいたい肉や魚を買う時には、塊のままでどさっと買うことが多いです。そのほうが圧倒的に食費が安くなるからです。何もなくて、今作る昼ご飯に豚肉がほしいという時には、量の少ないこま切れ肉を使い切れる分だけ買ってくることもあります。ひき肉を少し買う場合だってあります。だけど、ふだんの淡々とした自炊では、お肉を使ってさぁ！　メイン料理だ！　という風には食べていません。たとえば、バーベキューって火がついている間は、好きな時に好きなだけつまめていいと思いませんか？　ふだんの生活でもそういう融通がきいたらとっても楽だと思うのです。何も、炭火で肉と野菜を焼く、ということでなくて、ひとりで家にいる時に、料理をしてまで何か食べたいわけでもなく、かといって友人との約束の四時間後までは空腹でもたない。みたいな時に、ち

ょっとおやつに塊肉を一枚好きな厚さに切って焼いて食べる。サザエを一個焼いて食べしのぐ。とかそういう食べ方です。そんな時にはつけ合わせなんてありません。せんべい一枚かじるのと同じです。私にとって肉や魚は、まとめて下処理して好きに切り崩して食べられる便利な食材です。

【豚肉】

豚肉が好きなので、よく塊で買います。部位はモモかスネかロース。バラ肉は皮つきのものがあれば買います。出先で見つけたものによってどうやって下処理しようかと考えるので、先に作る料理を決めて買い物をする感じではなくなっています。皮つきバラ肉ならチチャロン。冬なら石油ストーブの上で柔らかくなるまで塩茹でにします。時間がない時にはものすごく適当に塩をまぶして台所に放置。そして、茹でるか、そのまま塩をさらに追加して塩漬けにするかは、保存したい期間によってじりじりウダウダ考えます。茹でたものも塩漬けしたものもチチャロンもいいおやつになります。そのおやつに野菜や乾麺が加わるとなんとなく一皿になる、みたいな感じで料理っぽくなっていきます。

【鶏肉】

来客予定があってもなくても、鶏が丸ごとで売っているとついつい買いたくなります。中に野菜やハーブを詰めてオーブンで丸焼きにするのです。と言っても、詰めるものはレモンの切れ端、人参のヘタ、パセリの茎やら、もうどの料理にも登場しなそうなかすかすなものと塩です。じっくり一時間半くらい焼きます。食べきれなかった分は、骨ごとスープにしたり、炊き込みご飯の具にしたりします。親しい人とつつきながら食べることが多いので、特に気にせず食べ残しを次の料理にしてしまいます。あるいは、冬ならやはり石油ストーブの上で柔らかくなるまで塩茹でにします。途中でその日に食べる分だけの大根や人参を加えて食べます。残ったらさらに塩を足しておいて、日持ちするようにします。その茹で汁と肉には気分次第で野菜や米を加えたり、水で希釈してスープや炊き込みご飯、汁麵などにします。豚肉の調理と共通しているのは、

オーブンに入れたり、鍋をストーブの上に置いたら、もう一時間以上何もしなくていいこと。そして、見た目がすでにごちそうのように見えること。鶏肉は、丸ごと買わない場合も、あれば骨つきを買うようにしています。

【鮭】

以前、手土産に新巻鮭をまるまる一本持って来てくれた人がいました。ビニールに入って少し湿っていたので、エラの部分にひもを通して軒先にぶら下げておきました。そして、しっぽのほうから輪切りにしながら食べ進め、燻製にしたり、パスタに使ったり、マリネにしたり、焼いたり、それはそれは長い間いろいろな食べ方を楽しめました。新巻鮭は塩分が強いので寒い時期なら、日陰にぶら下げていればカビたりしません。切り口は輪切りなら最小限になる。分厚い皮と塩のおかげで、東京で一か月くらいほったらかしてもまったく大丈夫です。ひとり暮らしでも、家族がいても、新巻鮭はとても便利だと思います。切り身を買うより断然楽しみ方が豊富。固くなってしまった切り口は薄く切って炙りまず。ちぎってサワークリームと混ぜてもおいしい。頭やしっぽは水に浸して塩抜きをして、何度か茹でこぼしてくたくたに煮ると、ゼラチン質が溶けてぷるぷるした煮物ができます。アマゾンにもナマズの頭を炭火焼きにしてからくたくたに煮てハーブで香りをつける煮込みがあって、私の大好物です。

【貝】

貝が大好きで、夏は磯遊びをしながら小さな貝類を少し採ってその日の味噌汁にします。貝は旨みがぎゅっと詰まっていて水で茹でるだけでとてもよい出汁がとれるし、焼くだけでおいしいので、頻繁に登場します。買い物先で今日はどんな貝があるか、ついつい気になります。貝は蒸すか焼くことがほとんどで、そういう単純な調理法で見栄えがするので人が来る時にはだいたい出します。食べきらなくてよいので、見栄えがするようにどっさり使うのです。余った貝や汁は、汁麵になったり、パスタや炊き込みご飯になったり。料理酒は常備していないので、蒸す時に使うのは水。私にはそれで十分おいしいです。

(3)　おかず　乾物と漬物に助けられる

◎乾物

冷蔵庫が普及していなかった昔から、農作物は、時期が来たら収穫してその後すぐに加工して保存されてきました。それは今も変わりません。お米を収穫したら干して保存したり、春に山菜を摘んで塩蔵したり、夏にたくさんとれた胡瓜を塩蔵したり、しいたけを干したり……。私たちは、一年を通して、その保存状態のものを切り崩して料理をします。思えば、料理に使う食材の大部分は、保存状態からスタートするのです。世界中の料理に共通点があるとしたら、だいたいの料理が塩で味をつけることと、スタートラインが乾物や漬物だということなのでは？　と思っています。乾物を多く持つのは、冷蔵庫にたくさんものをしまっておくのとまったく同じです。自分の手元に食材が届くまでには、いろいろな人の手間がかかっています。だから、たとえば、とろろ昆布に醤油をかけてお湯を注ぐだけだって、とても手間がかかっていると思うのです。乾物＝冷蔵庫＝スーパーマーケット……それらは同じ。自分の食べるものをどこにどうやって置いておくかの違いだと思います。

【煮干し、するめ】

出汁というと急に敷居が高くなりませんか？　特にかつお出汁。私にとっては料理を上手に作らないといけないような気分になる装置です。たとえて言うなら私の料理全般が、キクラゲの歌を自分で作詞作曲して変な歌い方で歌ってみんなに聴いてもらって笑われたい、みたいなことになっていて、カラオケでみんなの知っている歌を上手に歌うことをあきらめているという感じです。私はどこかで料理を勉強した経験がないので、そういう考えになってしまったのだと思います。私にとって料理は学問でも道でもないのです。しいて言えば台所で個人的な神話を紡ぐようなものです。

そんな私が汁物を作る時に使うことが多いのは煮干しです。すまし汁も味噌汁も一人前で三尾使うと決めています。水の中に入れてずっととろ火で煮出します。何分というのは計ったことはないですが、煮詰まらないくらいとろ火なので量によって二十分だったり四十分だったりします。これもまたほったらかせる感じが気に入っています。他にほったらかせる出汁といえば、するめ。するめを食べるのが好きなのでだいたい家にあって、時にかじって時に出汁に使います。山形の玉こんにゃくを煮るのもするめ出汁、九州でも鶏肉とするめですまし汁の出汁にすると聞いたことがあります。まったくの按田オリジナルは不気味だと思いますが、こうやって日本各地で使われていると知ればなんとなく安心していただけるでしょうか？　旅先でそういうものを買ってたまに違う風味を楽しむのも面白いです。焼きハゼ、干し鮎、焼きあご、焼き干し、鯛などなど、様々な魚の乾物を各地で見つけてみてください。

【海藻】

海藻には、もっと注目してもらいたい気持ちがあります。野菜をいろいろ買い揃えるのが面倒な人は、海藻スープがいいと思うんです。私がふだん使うのは乾物になっている海藻で、あおさ、ふのり、のり、とろろ昆布、いぎす、ぎばさ、あらめ、などなどふやかすだけで使えるか、そのまま直接料理に足せる簡単なものばかりです。ふやかしたり塩抜きに時間がかかるものはどうも性に合わないので、家ではなかなか登場しません。旅先で出合った海藻を使うのが好きです。同じ海藻でも採れる海によって風味がまったく違うから面白いのです。按田餃子ではとろろ昆布、ふのり、いぎす、あらめを使っています。

小学生の時に同じクラスにアイヌの血をひく女の子がいて、その子の家に遊びに行くとおやつにわかめの味噌汁が出てきました。いつも食べているわかめとまるで違う、とろっと肉厚なわかめに衝撃を受けて以来ずっと、立ち寄った店で出合うわかめを買ってみて、あの時の味を求めています。そのうちにいろいろな海藻に矛先が広がってしまい、今では石川県の舳《へ》倉《ぐら》島《じま》のいぎすを特別に海女さんに採っていただくようになりました。なぜなら、彼女の採るいぎすが私の知る限り一番きれいに下処理されていて、いぎすのおいしさを存分に味わえるからです。そういう味覚体験のおすそ分けをしたいので、按田餃子の料理にも海藻をあれこれ加えています。

海藻は、香りを楽しむ食材なので、ぜひ海藻を料理しようとせずにプリミティブな味を楽しんでみてほしいです。たとえば、ふのりやとろろ昆布なら、直接お椀に入れて醤油をたらしてお湯を注ぐだけ。今日はそれを吸い物とする、もうこれ飲んだら寝る、みたいな時にすごく便利です。調理の手間が省けて、洗い物の始末もいい。その延長で汁麵に海藻をのせたり、はたまた、携帯できるスープとして、水筒にお湯を入れて、醤油をしみこませた海藻を持って出かけてもいい。按田餃子では豚の出汁に入れて海藻湯にしたり、海藻が肝になっているメニューも多いです。

海藻はふやかす代わりに炙ってから使うという手もあります。のり、ふのり、

あらめ、ぎばさは炙るか炒って何かにトッピングすると歯切れよく香りもたちます。

自分の生活になじみそうな海藻を見つけてそれをひとつ持っているとすごく助かると思います。そこから未知の海藻に触れていくのは、たまたま見つけたお気に入りのCDからどんどん紐解いてだんだん自分の好きな音楽の輪郭がわかってくる、みたいな体験に似ています。くれぐれも湿気るほどの海藻を家にため込まないように。

【豆】

豆は動かないから生きている感じがしませんが、種なのでひとたび水にふやけたら発芽します。また、ふやかしてからすりつぶしたら、そのどろどろしたものはつなぎなしで焼いたり揚げたりすることもできます。乾物の豆が家にあると食べたい分だけちょっとずつ使えて便利だし、野菜としても食べられるのが面白いところです。たとえば発芽した緑豆は、私たちがスーパーで見るあのもやしになっていきます。ひとたび発芽したらすでに豆でなくなっているので火の通りが格段に速いです。昔、インドネシアの小さな島に泳ぎに行った時、そこにはガスがありませんでした。食堂の熱源はどの店も薪。その小さな島では、薪はたいへん貴重で、畑らしいものは見当たらず、野菜の種類も豊富ではありません。そこでほとんどの料理に用いられていたのが発芽豆でした。燃料をたくさん使わないし野菜にもなる。その食べ方にすごく親近感が湧きました。

ホーローのコップに大さじ一杯くらいの豆をふやかしたら、ほかに蒸したいものと一緒に蒸籠に入れる。豆を煮る時につきまとう火加減と水加減なんて考えなくても大丈夫。コップの中の水は、豆がかぶるくらいのたっぷりの水位があれば減っていかないし、焦げたりしない。直火ではないので上と底の炊きムラも生まれません。まさか、豆料理を作るようなまめまめしい性格ではないので、芋を蒸かしたり冷ご飯を温めたりするついでに豆を煮ておく感じです。豆がふやけていれば、買い物に行かずあり合わせで食事を作りたい時に便利だし、ふやかしてからの使い道がたくさん考えられることも、とても心強いです。

◎漬物

日々の野菜の端きれも、ほったらかしておくのではなく、漬物にすれば長く食べられます。漬物は、素材をゆっくりと変化させるものです。塩分濃度や漬け方によって、半年やそれ以上持ちます。それだけ時間があったら、旅に出ている間も放っておけます。漬物は、熱を加えると旨みになるので、汁物に入れたり、炒めたり。食べ方に広がりがあるので、自炊のレパートリーが一気に増えると思います。

按田餃子でも、メニューに漬物を使うことがありますが、漬物にするための野菜は買っていません。厨房には塩水の発酵液の入った壺があります。大根の葉っぱや分厚くむいた皮、人参のヘタ、冬の小松菜の立派な根っこ、他の料理に使った余りの部分を壺のなかにどんどん入れて、発酵したら、刻んでご飯に入れたり、和え麺にしたり。ほとんどの野菜に捨てるところはなくて、部位によって使い道を分けて、余すところなく利用しています。不思議なことに世話するスタッフによって味が変わるんです。腐ったりカビたりすることはありません。自宅では、蓋がしっかり閉まるガラスの保存容器が便利です。

【梅干し】

以前住んでいたアパートの庭には梅の木が一本と柿の木が三本ありました。毎日出勤時と帰宅時に地面に落っこちた梅を拾いました。そして、採れた分ずつ、風呂上がりのちょっとした時間で、米やとろろ昆布が入っていたジッパーつきの袋に塩と一緒に詰めて漬け、最終的に大きな瓶に合体させると、合計で二十キロくらいの梅干しができあがりました。これがもし、梅のいい時期を見計らって注文し、梅に予定を合わせてやるなら私にはできない。自分のやる気に信用がおけないのです。干すのも、気が向いた時に干したい個数だけ家にある小さなざるで干せばいいです。何年かかっても大丈夫。だから、今でも梅を拾えなかった年には梅干しは作らないし、漬けたくない年には拾いません。一粒だけ漬ける年もあります。どのくらい塩をまぶしたらいいか、その訓練は、二十代のひとり暮らしで余った人参のヘタを味噌漬けしていた延長でつかんでいたので、私にとって梅干しは、一年に一回しか作ることのできない特別な漬物ではありませんでした。

【キャベツ】

キャベツを一玉買って来て、半分はそのまま食べ進め、もう半分は塩漬けにして発酵させたら、一週間くらい変化を楽しみながら食べつなげます。ざく切りにして、塩もみしてジッパーつきの袋に入れて密閉して常温で放置するだけ。漬物として食べる他に、煮込み料理全般に使えます。私はだいたいキャベツの分量の二％くらいの塩で漬けますが、適当にやってもさほど違いはないので安心してください。大切なのは密閉と温度です。昔の漬物石が現在はジッパーつき袋に姿を変えているのです。私は食材が入っていたいろいろなサイズの袋をとっておいて、漬物に使ってから捨てています。新品のジッパーつき袋を洗って繰り返し使うガッツのない人におすすめです。そして、常温がおすすめです。

目につきやすいところに出しておくのです。はじめはキャベツがごつごつしていて密閉できませんが、しんなりしてくると中の空気を抜きやすくなる。気がついた時に空気を抜く。そして、完全にキャベツから出た水分に浸る。空気に触れていないから傷むことはありません。不安な人は、冷蔵庫に入れてもいいけれど状態を観察するのが億劫になるので、ますます面倒なことになります。私は、部屋からトイレに行くまでの途中に置くようにしています。そのまま漬物として食べるのなら、塩だけでなくスパイスや副材料を入れるのもおすすめです。私が一番好きなのは、レーズンとクミンを入れて漬けたもの。発酵が速く進みます。四日目くらいから甘酸っぱくなってきて、それはそれは箸が進みます。分量は適当で大丈夫です。好きなだけ入れてみてください。

【大根】

大根は使いでがあるのでよく買います。葉は、買ってきたらすぐに漬物にします。塩水をはった漬物の壺が家にもあるので、その中に放り込むだけ。根は食べる分だけ切ったら皮を分厚くむき、その皮は漬物の壺へ。それから、余ったご飯が一口分あったら根を薄切りにして塩もみした、ただそれだけのものに混ぜてみると面白いです。お茶碗を被せ、ガス台のあたたかいところに放置しておいたら、翌日には甘酸っぱい漬物ができます。ご飯が発酵のスターターになるのです。キャベツのところで分量の二％の塩を使うと書きましたが、この漬物はもう少し塩分を低くするとおいしいです。

水キムチにするなら、塩は全体の一％くらい。ということは、大根を二％の塩で漬けたものに、水と果物を大根と同じだけ足せば、だいたい塩分一％になり、水キムチに道が分かれていきます。

料理教室など、出先に材料を持参して料理をするような時、切って用意したけど使わなかった野菜をどうやって持ち帰ろうか、という場面によく出くわしていました。人参も大根もキャベツもひとまず一切合切塩もみをしてジッパーつき袋に入れて持って帰る。常温で何時間持ち歩いても、しなびたり鮮度が落ちたりする心配を、もはやしなくてよくなります。そして、一部を取り出して、家にある果物と唐辛子と水を入れて水キムチにして、それは二日目くらいから四日間くらいで食べきる。残りの漬物はクミンとレーズンを入れて一週間後から食べはじめる。そんな風にしていると、料理教室の残り物でずいぶんと食べつなげました。

(4) 調味料　食材を長持ちさせる

もし都会暮らしをやめて、まったく違う生活をするなら……と考えるのが好きです。そうすると、今置かれている状況がまったくふつうでないことがわかって楽しいのです。私は植木を育てるのが下手くそなので、おそらく畑は耕せません。私ができるのは、木の実を拾うこと、野草を摘むこと、小さな貝や魚を捕ることとくらい。あと、昆虫を食べられます。釣った魚と海水からとった塩で魚醤を作る。森に落っこちている果物で酢を作る。それらは頑張ればなんとかできる。あとは物々交換か……などと日々考えています。そうなると、私にとって必須の調味料は、酢と塩です。醤油や味噌は日本人にとって身近なものですが、麹で大豆を発酵させる製造法はじつは特異で、とても洗練されていると思います。だから、味つけにはたまに使いますが、必須ではないです。

【酢】

酢は、食べ物を保存するために必要です。たとえば私が通っていたペルーのジャングルでは、玉ねぎを刻んで塩、酢またはレモン果汁、唐辛子を加えたものが食堂にも民家の台所にも必ずありました。ちなみに、レモンはいろいろな品種があって、とびきり酸っぱいものを使います。常温で置いておけるものなので卓上にほったらかし。焼き魚にも肉の煮込みにもスープにも茹でた食用バナナにもご飯にも、銘々が好きにかけて食べていました。減ってきたらまた刻んで材料を混ぜて卓上に置いておくだけ。日持ちするから作り置きするのではなく、必要な分を作ってほったらかすのです。ちなみに、お昼時を過ぎてしまった道端の食堂で生のフルーツジュースを注文すると、たいていイッちゃった味がしていました。朝ミキサーにかけたマンゴーやパパイヤのジュースは午後には発酵して様変わりしているのです。もちろん、そういうものなので、誰も文句は言わなくて、こりゃイッちゃってるわ、と言いながら飲み干しています。

ついでに、どうして暑い国で食事中に炭酸飲料を飲むのかと言いますと、炭酸には静菌作用があるからです。そのくらい暑さは素材の状態を変化させます。そんな環境の中にありながら卓上の玉ねぎが状態を保てるのは、ひとえに酢やレモンの酸のおかげなのです。ジャングルでの体験により、やはり冷蔵庫よりも酢が便利だと再確認したのでした。

バーベキューに行く時、肉は保冷剤を入れたクーラーボックスで冷やすのではなく、酢をまぶす。食べきれなさそうな浅漬けは、酢と砂糖を加えて甘酢漬けにして寿命を延ばす。一年に一回の保存食作りはちょっとハードルが高いけれど、一日、五日、一週間自分を焦らせないようにするために食材にスプーン一杯の酢をふりかけるだけ。そういうものを作るために酢があると助かります。意外と味に影響はありません。

また、酢がすでに保存食なので、それを使って大量に買った野菜でピクルスという保存食を作ってどうする、と私は思っています。

【塩】

塩味のものが大好きですが、使う塩の製法に特にこだわりはないので、何種類も持っていたいとは思いません。漬物にも料理にも同じ塩。他のものと同じように、使い切ったら新しく買います。あと、旅先では必ず塩を買っています。それは、その土地の塩を試したいからでなくて、いつ何時持ち帰りたい食材に出くわすかわからないからです。たとえば、生のタラコがスーパーに出回る季節に旅に出るのなら、迷わずジッパーつき袋と塩を確保します。そして、心置きなくタラコを買って旅館の洗面台で塩漬けにします。手が汚れるような大げさな作業はないし、冷蔵庫なんて要りません。そうしてカバンに入れて持ち帰り、旅のお土産にしたり、自宅で好みのスパイスをまぶして食べたりします。ですから逆に言うと、スーパーでタラコを買っても、生ものだからといって急いで帰る必要はありません。塩に圧倒的な信頼を寄せているのです。乾燥は、あんまり信用していません。気候や滞在日数によって完全に乾燥できていない

ESCAMAS
DEL
MEDITERRÁNEO
Veggies & Chicken

場合、あっという間にカビます。だから、生乾きの時にもひとまず塩をまぶす。そうやってあらゆる地域の塩が家に集まり、結果としていろいろな塩を使っている人みたいになってしまっています。イビサ島に泳ぎに行った時に、岩に波が当たって水たまりができ、それが強い日差しを浴びて自然に結晶しているところがありました。貝殻ではじくって空きペットボトルに入れて持ち帰りました。それを料理に使うとすごく楽しいしおいしくなるような気がしています。

また、ほじくりに行きたいです。

(5) スパイス　気分を変える

私にとってスパイスは、日々の食事を一味違うものにする装置です。たとえばお米に合わせるものがゴマ塩だったら和風になるし、塩とサフランだったら、サフランライスやパエリアの味になる。スパイスひとつで、味のベクトルがビューンと違う方角にいくのが面白いのです。どんなスパイスが自分の好みかは、体験して知るしかありません。試しにイワシの塩焼きに、フェンネルをふりかけてみてください。卵サンドの味つけのコショウの代わりにシナモンパウダーをふりかけてみてください。スパイスを仕上げにふりかける時は、うなぎに山椒をかけるさじ加減です。スパイスはお湯に入れればお茶としても使えます。料理にお菓子にお茶に、なんでもスパイスを使っています。

私ははじめての海外旅行が十九歳の時でインドでした。その頃は、自分の周

りの世界しか知らなくて、母親が作る料理が味覚経験のほぼすべてだったので、インド料理にはたまげました。口の中でいろいろな香りがはじけて大きな衝撃を受けました。ひとつの料理にたくさんのスパイスが混ざっているわけではなかったことにも驚きました。私の口の中ではじけていたのはスパイスそのものではなくて、切っただけの玉ねぎや胡瓜、塩味の茹でた豆。いつも食べているものなのにまるで面構えが違う。味の雰囲気をがらっと変えてくれるスパイスが大好きになったのでした。スパイシーな味が好きとかエスニックな味が好き、という感じでなくて、食材の違う側面を見せてくれるスパイスが好きなのです。海外で暮らすことになったとしても、塩とそこにあるスパイス、現地のものでいつもと同じ料理を作りたい。いつもと同じ勝手でできあがったものが自分のほっとする味です。

自分はどんなスパイスが好きか、家に常備しておくべきスパイスは何か？　そういうとっかかりを本で探そうとするのは野暮です。スパイスは体験しかありません。どこかで出合って気に入った味の料理に何が入っていたのか？　作った人に質問するのです。そして、よくわからなくてもそのスパイスをひとまず揃えてみる。粉よりも粒のほうがいろんな形状で使えて便利です。料理に使う時には小さなすり鉢でつぶして使います。私はスパイスをちょっとすりつぶしたくらいではすり鉢を洗わないので、そんなに手間ではありません。

◎肉を茹でる

家では、肉を茹でる時に豚肉でも鶏肉でもシナモンスティックを入れることが多いです。どんな料理を作ろうか決めていないので、だいたいどの地域の料理にも合うようにシナモンなのです。シナモンと聞くとなんとなくアップルパイや紅茶を連想しますが、私は「気合いの入ったスパイス」というあだ名で呼んでいます。がっつりした肉料理に合うからです。鶏肉をシナモン風味に茹でておいて、あとからパプリカや唐辛子、クミン、オレガノなどを加えたり。シナモンがお肉に合うとわかったら、牛ひき肉を使う時に胡椒の代わりにシナモンパウダーを使ってみてください。豚肉をシナモンと茹でる場合は仕上げは醤油味にしてもおいしいです。シナモンと醤油が合うと知ったら、麺つゆにシナモンスティックを入れてひと煮たちさせて、大豆を浸してみたり。そんな風にいろいろな表情を探してみてくださいませ。

◎仕上げにかける

するめが好きなのでよく炙って食べます。そのまま食べることが多いですが、たまにマヨネーズをつけたりもします。その時にクミンをパラパラするとおいしいです。食べているとなんとなく梅干しを思い出します。クミンが梅干しに似ているというよりは、隣同士にいてもおかしくないかも、と思うのです。料理全体にスパイスを調合して入れ込むのはすごく勇気がいるけれど、するめにマヨネーズの延長でいつもの自分の料理にひとつだけスパイスを仕上げにふりかけてみると、印象がぐっと変わります。

SNICKERS
mini
mini SNICKERS
SNICKERS
mini
mini SNICKERS

◎飲み物にする

シナモンスティックはじっくり水から弱火で煮出すとそれだけで驚くほど甘くなります。そのまま飲んでもいいし、飲み切れなかったら料理に使えます。茶葉と一緒に煮出してもいいです。私はターメリックの味がとても好きで、按田餃子にはターメリックをふんだんに使った温かいレモネードがあります。もし、生のウコンが手に入ったらすり鉢でつぶして、レモンをたっぷり搾ってはちみつを入れてお湯で割ってみてください。旅先で見つけたおいしいはちみつやレモンなど、その土地でしか手に入らないもので作っても楽しいです。私は、インドネシアの屋台で生ぬるいターメリックレモネードを飲んだことがあるのですが、搾りたてのオレンジジュースとレモン、野生のはちみつが入っていてとても気に入りました。

◎おやつに使う

おやつにスパイスを使うのも好きです。コンビニで買ってきた安いバニラアイスにフェンネルシードをふりかけたり、スニッカーズにキャラウェイシードをくっつけてみたり。そういう延長で自分の作るお菓子にも使えるようになると楽しいですね。料理でもおやつでも、まずはできあがっているものにふりかける、で遊んでみてください。ところで、シナモンにはどんな作用があるのだろう？　他に似たようなものはあるかな？　同じ植物の科で何があるかな？という風に興味が広がってきたら、本やインターネットで調べてみると面白いと思います。あくまで私の感覚ですが、

・シナモン　卵に合う
・キャラウェイ　ピーナツに合う
・アニス　くるみに合う
・ターメリック　肉に合う
・メティ　牛乳に合う

これをヒントに、コンビニにある食べ物にふりかけてみると面白いです。

どんな体でありたいか、どんな風に生きたいか

みんなに元気になってもらいたい按田餃子ではありますが、「健康」に関して文章を書くことには、少し気が引けています。なぜなら、巷で言われている「健康」が何を指しているのか曖昧で、きっと読んでいる人と私との間でも違う解釈があるからです。流行りものも誰かが勧めている健康法も関係なく、私が大切にしているのは、どんな自分でいたいか。それを具体的に持っていなければ話がはじまらないのです。

今の私はこうです。肉体労働が好きなので、疲労がたまるのは許容する。毎年海で泳ぐ体力を向こう三十年は維持したい。六十歳くらいになったら按田餃

子の切り盛りは任せて、レジでご来店のみなさまに毎日ご挨拶。そして、働いてくれた歴代の若者たちの活躍を新聞で知る。五つや六つ、病気にかかってもいいし、けがもしていいけれどお尻は垂れたくない。左足に血管の奇形があって痛いけど外科的処置はしないで一生付き合っていく。住むのは東京の真ん中がいい。だけどいっそ南米のジャングルというのも捨てがたい。その時、そばにいる人と同じものを食べて一緒に喜びたい。名声も富もいらない。出会った人やものにいちいち感動する好奇心をずっと保ちたい。何かひとつのことを成し遂げたい気持ちはない……などなど。自分がどんな、肉体的・精神的・社会的健康状態を幸せと感じるのか？　具体的に何はゆずれなくて、何はあきらめられるのか？　その選択は自分にしかできなくて、納得のいく健康の程度は自分で決めるべきなのです。それが、まずやることだと思います（だから、そこを考えないで生きる、という選択もいいと思います）。

按田餃子のメニュー

薬膳豚肉煮込

泡菜乾麵

一杯麵

肉そぼろ

金針菜と海藻の和え物

ゆでらげ

水餃子定食

水餃子

鶏肉の晩茶ココナッツ煮

木耳汁と自家製コーラ

ラゲーライス

***定食*　大盛/+54**	
水餃子定食/972+税	水餃子(全種類各2ヶ計8ヶ)・豚そぼろ飯・海藻湯
ラゲーライス定食/1158+税	ラゲーライス・茹で青菜・海藻湯
麻婆飯定食/1158+税	麻婆飯・茹で青菜・海藻湯
水餃子(5ヶ)	
鶏　白菜と生姜　/450+税	水餃子の中で一番あっさり味
鶏　香菜《シャンツァイ》と胡瓜《キュウリ》　/450+税	個性的でやみつきになる味
豚　大根と搾菜《ザーサイ》　/450+税	按田的定番餃子
豚　カレー風味と人参/450+税	スパイシーな美味しさ
つまみ	
百年床の糠漬/350+税	野菜の漬物
泡菜/350+税	野菜の塩水漬
肉そぼろ/350+税	豆鼓風味の豚フレーク
金針菜と海藻の和え物/450+税	すごく健康に良い
ゆでらげ/500+税	心おきなく木耳をどっさりと
野菜類/500+税	味付けなしの加熱した野菜
茹で青菜　小/450　大/600+税	青菜の香味油和え
パンチのきいた蒸し鶏/600+税	ジュニパー風味の鶏ムネ肉
ラゲー煮込　小/450　大/800+税	按田的木耳金針菜豚肉煮込
鶏肉の晩茶ココナッツ煮/900+税	阿波晩茶とココナッツミルクの煮物
麻婆豆腐/900+税	油を使わないスパイシーな味わい
薬膳豚肉煮込/950+税	軟骨肉と根菜の煮物。いぎす(海藻)入りでとても体が潤う。ご飯と合う。
***麺類*大盛り＋54**	
一杯麺　/350+税	お茶碗サイズの按田的汁ビーフン
泡菜乾麺　/900+税	漬物と唐辛子タレの冷たい和え麺と海藻湯。茹で青菜も頼んで混ぜると美味しい。
夜食麺/800+税	鶏肉とレタスのあっさり麺
平打中華麺/250+税	卓上の調味料と茹で青菜でさっぱり和え麺にしても良いし、麻婆豆腐や薬膳豚肉煮込み、鶏肉の晩茶ココナッツ煮と合わせても素敵です。
***飯類　大盛/+54**	
豚そぼろ飯/350+税	ハトムギご飯の下に豚肉が隠れている
ラゲーライス　小/600・大/850+税	按田的木耳金針菜豚肉煮込ご飯
麻婆飯/850+税	マーボー豆腐ご飯
その他	
ハトムギご飯　小/250・中/300+税	小/茶碗軽く一杯　中/茶碗一杯
海藻湯/250+税	海藻のスープ

＊甘味＊	
仙草ゼリー/450+税	薬草のゼリー
＊飲料＊	
瓶ビール　小/500+税	キリンハートランド
瓶ビール　中/650+税	サッポロラガー
ホワイトビール/700+税	ネストビール　ホワイトエール
紹興酒　小 /500　中/950+税	花彫陳5年老酒　180ml/360ml
古代米酒/800+税	ワインのような味わい(酸味がある)
しゅわしゅわ梅酒/950+税	ビールのスピリッツで漬けた甘口
朗姆可楽/600+税	ラムコークのようなもの
白酒ハイボール/600+税	パイチュウ初めての方もちょっと安心です
かりんみりん/600+税	甘酸っぱい味です
包命酒/800+税	すごく助かる酒
ノンアルコールビール/400+税	サッポロプレミアム
梅白湯　/400+税	梅干とアセロラ入りでわりとしっかり酸っぱいけれど、塩分は少ない 豚そぼろ飯にかけても美味しい
ターメリックレモネード 温/600+税	内臓がすごく温まる(冷たいのはやりません)
発酵茶/400+税　温・冷	日本の微発酵茶
薬草茶/400+税　　ぬるい	お肉が好きな方のお便りが助かる　少し甘くて少しぬるい
ガス水/400+税	微発泡のミネラルウォーター
しゅわしゅわ茶　冷/500+税	スモーキーなティーソーダ
ジンジャーエール/500+税	ウィルキンソンの辛口
自家製コーラ/600+税	コラナッツと数種のスパイス
木耳汁(キクラゲジュース)/600+税	クプアス味なのですが、たとえようがない　水着姿が助かる

【水餃子】

〈鈴木陽介〉　誰もがそうであるように僕もいつからか、何かお店をやりたいと考えていました。仕事柄、星のつくレストランから大衆居酒屋までいろいろなお店に撮影で伺うのですが、よいお店には必ず自分のお店の商品を愛する店主がいます。つまり自分の扱っている料理のことが好きで好きでたまらないといった感じです。その方々の姿を見て、僕だったらなんだろうと考えた時、餃子がポンと浮かびました。それも焼餃子です。ただ焼餃子は油をたくさん使うからお店の中がギトギトして嫌だなあ、あっ、水餃子だったら焼くより茹でるほうが簡単そうだし、いいじゃないかと安直に思いついたのです。ただ僕の料理に関する少ない知識の中で勝手に、ニラとニンニクをたくさん入れたらうまいに決まっている、そんな反則技はだめだ！（全然反則ではないけど）ということになりました。ニラとニンニクは使わずおいしい餃子ができたら、デートの前でも食べられて、男女問わず子供からお年寄りまでみんなに愛される餃子になるのではないかと、考えていたまさにその時、按田さんの本の撮影初日を迎え、相談したわけであります。

〈按田優子〉　うすうす勘づいているかもしれませんが、餃子について私は何も知りません。

多分みなさんもそうだと思いますが、家で自分のために作るいつもの料理って、わけのわからない料理が多い気がします。でも、味噌汁とカレーと餃子は、どんなに変なできあがりでもそれだ、と名乗ることができる。これ、すごいいいことだと思います。本物の餃子がどんなものか知るより、世界中に餃子が広まって、その土地で独特な解釈をされて、それでも餃子として保たれる圧倒的な存在感。そのおおらかさこそが大好きです。私も餃子みたいに生きていけばいいんだ、と教えてくれる食べ物です。そして、知名度があり、みんなが同じイメージを抱くことができる。そういう意味では、餃子は「ふつう」の食べ物だと思っています。

◎レシピ［水餃子］

餃子の作り方で私がみなさんに特別にお伝えしたいことは何もありません。野菜と肉を細かく切って混ぜて包めばよいと思います。按田餃子の餡に秘められた暗号を解き明かして、材料を割り出して家で再現するもよし。ただ、私たちも日々具材の配合を変えているので、正解はありません。ここからは、餃子の決まりごとを知らない私が作るとこういう発想になります、というお知らせです。どんな味でも、失敗しても餃子という食べ物になるのだから、餃子はすごい包容力です。

【鶏肉・白菜と生姜】

私が按田餃子のメニューで一番「ふつう」の味と思って作っているのは、この餃子です。鶏肉と生姜を組み合わせると、鶏団子のような味を想像したくなりますが、もっと広義なふつうさを作れるのです。もし、世界のあちこちに按田餃子を作ることになっても、その土地の人が「おおむねふつうだな」と許容するような味を目標にしました。そうなると、醤油よりも魚醤のほうがふつうだと思うし、アブラナ科の野菜（キャベツや白菜など）は世界中で手に入りやすい。パプリカパウダーで旨みを出すのはどの地域でもわりかし常套手段だし、全世界に生えているハーブで一般的なのはシソ科でその中でもバジルは品種も多くて私が考える「ふつう」にふさわしい。そういうわけで、生姜、魚醤、パプリカ、バジルに「世界中の人に喜んでもらいたい」という気持ちを託してみました。按田餃子に来る外国人のお客様が一番好きな餃子は､思った通りこの味です。やはりそうだったか！　と、心の中で按田餃子世界進出の妄想をむくむく膨らませているのでした。

生姜にはたくさん仲間がいて、たとえばカレーに入っているカルダモンやウコン、沖縄のお餅を包む月桃《げっとう》も生姜の仲間。私たちは牛丼に真っ赤に染まった生姜を添えるし、アジア大陸では大昔から煮込みの友であり、お茶であり、ヨーロッパ大陸ではお菓子作りに欠かせない大切な存在であり、アメリカ大陸ではジュースになって親しまれ、世界中のみんなが「我々の料理の味の要は生姜だ！」と思っている気がします。もっと言えば、「生姜は俺の女だ！」みたいな感じかもしれません。

しかし、生姜からしてみたらそれは迷惑な話。じつは生姜はそんな風に自分の所在を決め込もうなんて微塵も思っていなくて、もっと野望は大きくて、態度を変えながらうまく世界中の食べ物の中に入り込んで、人々の心に棲みついてとても大切にされ、最終的に世界を手玉に取っていると思うのです。

【鶏肉・香菜と胡瓜】

インドネシアのメノ島で食べた胡瓜のサラダがとてもおいしくて、滞在期間中毎日毎日お店で注文していたら、「いったいいつになったら日本に帰るのですか？」と質問されてしまいました。輪切りの太い胡瓜におろしたてのココナッツとコリアンダーの葉がどっさり。ニンニクも効いていて、島で作った魚醤がかかっているだけ。添えてあるえびせんと一緒に食べます。朝海で泳いだらお昼ご飯にこのサラダを食べる。そのままだらだらして、泳いだらおやつにまた頼む。日本に帰ってきてもその味が忘れられなくて、どうにか日常的に食べられないものかと思い、お店で餃子にすることにしました。餃子の餡を練るたびにきれいな海を思い出せて私はとても幸せです。そんなことをつゆ知らず、スタッフがきちんと計量をしてそれを忠実に再現してくれているのは、本当にありがたいことです。おすすめは、夏場に大きくなりすぎた胡瓜を使うことです。按田餃子ではニンニクは入れませんが、ニンニクを加えて焼餃子にするのもとてもおいしい。

【豚肉・大根と搾菜】

干しエビや干ししいたけなどの乾物と、漬物や搾菜《ザーサイ》のおいしさを活かしたくて生まれた餡です。そこに豚肉と大根を合わせました。大根は、お店のオペレーションに落とし込むために、湯通ししたり、切り干し大根にしたり、いろいろと紆余曲折を経て、今は一％の塩でもんで使っています。この餡ほどどうやったらおいしく、かつみんなが苦労しないで楽しく作れるか試行錯誤している餡はありません。自分の納得のいく味に磨きをかけたいという気持ちではなくて、お店の流れの変化に沿ってレシピもやり方もどんどん変わっていく、実験台のような餡です。

乾物と漬物は細かく刻んで混ぜ合わせて保存しておきます。じつは、その種を固形の調味料に見立てて、金針菜と海藻の和え物や、ゆでらげのタレの隠し味にも使っています。便利なので「万能醤油」という名前で呼ばれていますが、水分はすべて乾物類が吸っていて、ボロボロしています。塩もみした大根は、一杯麺、肉そぼろ、ラゲーライスに添える甘酢漬けなどにも使われています。お店のメニューはこの餃子の餡に足並みを揃えているような感じです。

じつは私自身はこういう味つけはおいしいとは思いますが、あまり好みでなかったりします。でも、そういう自我のない味を作ることはじつにお店らしいとも思うので、結局は好きです。ややこしくてすみません。

【豚肉・カレー風味と人参】

開店当初は、餃子の餡は二種類で、「鶏肉・白菜と生姜」、「豚肉・大根と搾菜」のみでした。ある日、常連さんから、按田餃子が作るカレー味の餃子が食べてみたいと言われました。その方は東北出身のご両親が世界を放浪している途中で、ヒマラヤあたりで生まれたそうです。ご出身は？　と聞かれると困るし、いわゆる「お袋の味」というのがなんなのか、答えに詰まる時があるという話から、カレーはみんなが知っている食べ物だけど、どんなカレーを作るか人それぞれで、意外に幅があるという話になりました。それで、按田餃子のカレー味はどういうものか？　という宿題をもらったのでした（お店では、私からは決して話しかけませんが、話しかけてくれたらたくさんお話しします）。

私がふだん思っているのは、カレーの好みが似ているカップルは長続きするし、あまりにわけのわからないこだわりのスパイス料理を作っていてはモテないということです。そこまでは自分の考えがあるのですが、店で出すカレーをどういう味にすればいいのかは、まだわかっていません。私は、もしもカレーの絵を描くとしたら、人参は入れるので加えることにしました。そしてスパイスを独自に調合しないでカレー粉を使うことにしました。となると、ちょっとカレーうどん的な要素もほしいと思い醤油を垂らし、やはり生姜は世界の料理の中心にいると思うのでもちろん加えます。

こんな風に、いまいち自分の考えの定まらないカレー味を作ったので、いきなり定番の二種類の中にこの餃子を加えるのはなんだか恥ずかしくて、「鶏肉・香菜と胡瓜」を道連れにして、全四種ということにしてぼやかしてみました。ある日突然、まったく違うカレー味にしてしまうかもしれません。

【ゆでらげ】

キクラゲは真っ黒なフリルみたいでエレガントです。若くてそれだけで可愛い女の子というよりは、もっといびつな人生を歩んできた証が顔のしわや体のゆがみになっていったお婆さんの美しさのようです。出会って間もない鈴木さんと一緒にはじめるお店のおつまみに、どんなものを選べばいいか探っている時、頼りになったのは鈴木さんの写真でした。口で説明しにくいことを鈴木さんは写真にして、私は料理にしている。鈴木さんの眼差しを写真を通して見ていたら、きっとキクラゲは好みに違いないと思ったのです。肉のような華やかさも、セロリのような爽やかさもないけれど、あの黒くてブリっとした物体のきれいなところやいいところを、キクラゲが喜ぶようなところをきっとちゃんと見つけてくれると思いました。

「炒めてなくて……茹でただけみたいな感じのキクラゲがどっさり食べられて……なんかこう……」と言いながら料理の雰囲気を鈴木さんに説明していると、鈴木さんは「あ、キクラゲいいね！　んー、ゆでらげ？」と言い、笑いました。もう、それで料理の相談は終わりです。あとは、ゆでらげという名前っぽい味にしていけばよいのです。そんなもの、誰も知らないし、お手本はありません。だから、ここからはひとりで考えて完成させます。

できあがったのはオープンの前日でした。オープン初日に、お店に来た鈴木さんは「ゆでらげってこういう味だったのか！」とえらく感動していました。自分の子供に希望を託してつけた名前が、成長とともに名前通りの人物に育っていくのを見るような、すごく嬉しそうな顔をしていて面白かったです。

◎レシピ［ゆでらげ］

じつは、ゆでらげを作る時には、キクラゲは茹でていません。黒酢ですし酢のようなものを作り、鍋底にやっと広がるくらいの量を入れて温めます。そこに水でふやかしたキクラゲを入れて温めながら水溶き片栗粉でとろみをつけます。アボカドをお皿にしいてその上に甘酸っぱいつやつやのキクラゲをのせます。

キクラゲを戻すのは、意外に時間がかかります。すごくたっぷりの水でふやかして一時間、もう戻ったかな？　と思った時からさらに二時間ふやかしてみてください。もうそのまま二日間くらい放置してもよいです。水をしっかり含んだキクラゲは、ぷりっぷりしていて、それこそがキクラゲの魅力です。完全に戻っていないうちに煮てもうまくいきませんので、ご注意を。

タレがお皿にベターッと広がるのでなく、キクラゲにすべてのつやつやを纏わせること。

アボカドの座布団の上でつやつやのキクラゲが胡坐《あぐら》をかいているような姿を想像して盛りつけてみましょう。

【金針菜と海藻の和え物】

金針菜はユリの花の蕾《つぼみ》で、お花を食べるってすごく女性っぽいなぁと思います。それも乾物だから、お花なのに茶色いというのも按田餃子っぽい。鮮やかな色の乾物の金針菜もあるけれど、私の気持ちにぴったりなのは、茶色いほう。生のユリの花と同様にとてもきれいな見た目だと思っています。そして私が勝手に想像する、鈴木さんがスーパーで見かけた唐揚げを買う女性のイメージなのです。特に深い意味はないです。

お店では使っている乾物類を小分けにして販売しています。金針菜を食べて気に入ってくれた人が買ってくれます。家でも使ってみたいと思うきっかけが作れたことはとても嬉しいです。だけど、常備したい乾物になってくれるかどうかは甚だ怪しい。でも、それでいいのです。だから、お店でせっせと金針菜を使っているのです。やっぱり面倒になったら、金針菜はぜひとも按田餃子に食べに来てください。按田餃子には、届いた金針菜を一本一本チェックしてゴミ取りをする熟練スタッフまでいるのです！　きっと産地の中国では、おばさんたちが外で低い丸椅子に座って金針菜をゴザに広げておしゃべりしながら袋詰めしているんだろうなー、と思います。誰かのセーターの毛玉とか髪の毛とか、たまーに混じっているのです。それで、そういう連想をしたくなります。私はそういうものは不潔だとかずさんだとは思いません。途方もない作業をしてくれている人たちがいるから私たちは使うことができます。

◎レシピ［金針菜と海藻の和え物］

金針菜は熱湯に五分くらい浸してふやかし、流水で洗っておきます。絞って容器に入れて冷蔵庫で一週間は日持ちします。この時に、麺つゆの素などで炒りつけておくのもいいと思います。濃いめに味つけしておいて、その味を半分の濃さにしたいのなら、金針菜と同じかさの野菜や海藻などを足して和えればいいと思います。お店では、ふやかしたあめ、縦に細く切った生のニラを加えて、油で和えています。季節によって野菜をかえるのも楽しいです。セロリ、セリ、春菊、家にあるものなんでも大丈夫です。油も好きな油で大丈夫です。ゴマ、漬物、なんだって好きに加えて楽しんでください。

【肉そぼろ】

味のついたフレーク状の豚肉が、さっと湯通しした大根の細切りの上にのっている「肉そぼろ」は、餃子を待っている間にちょっとつまめる小皿料理です。じつは、大根の下にこっそり少しだけあらめという海藻を忍ばせています。スタッフに盛りつけ方を伝える時には、「あらめはほんのちょっと、おしるし程度でいいの。お母さんがどさくさに紛れて息子に食べさせたい海藻をこっそり入れる感じ。だから、大根からはみ出ないように隠せ！」と言います。これでみんな、だいたいなんとなくわかってくれます。スタッフの気持ちの度合いによって増減があるかもしれませんが、きっと食べているお客さんもあらめのことなんてまったくもってどうでもいいと思っていて、出されたから仕方ないとも嬉しいともなく、そういうものだと思って黙って食べていてくれると、誰でも彼でも可愛く思えてきます。

◎レシピ［肉そぼろ］

茹でた豚肉の脂身が多めな部分を切り出して、刻んだ生姜、豆鼓《トウチ》ミックス（刻んだ豆鼓、胡椒、フェンネル、コリアンダーなど）、醬油を加えてさっと火を通します。どれもこれも加熱しなくても食べられるものなので、全体が温まる程度でよいです。味がしっかりめなので、大根の細切り（餃子に使うものを拝借）とふやかしたあらめで箸休め。家で作るなら茹で豚なんてしないでツナ缶で十分。ご飯にのせてもおいしいと思います。

【一杯麵】

私はラーメンを食べるのが苦手です。しゃべりながら食べるとどんどん麵が増えていく。なんかこう、もっとぬるくて小さくてていいから、私を焦らせないでほしい。ラーメンのペースに自分が巻き込まれるのは辛い。そして、スープも複雑な味じゃなくていいです。海の家で食べるラーメンは好きです。自我がない味で。風景もいいし。あるいは、立ち食い蕎麦に行ったらだいたいたいかけ蕎麦にわかめを追加します。私としては、見た目も量も味も真剣に挑まなくていい感じで、昨日食べたけどどんな食べ物だったか忘れちゃった、くらいの薄い印象の麵があったら繰り返し食べたい。それを気分によって何かを足したりしながら今日のおいしい味にしたい。そのくらいの麵に対する低い情熱でお店の麵メニューを作るとどうなるのか？　と考えてみました。

お店には、その気持ちを受け止めてくれているお客さんがたまにいます。麵を食べながら、卓上の調味料で味を変えているのを見ると、一生懸命よいところを探してくれているみたいで、この人はきっといい人に違いないと、とても嬉しい気持ちになるのでした。

餃子もそうですが、麺類もおいしいお店がたくさんあります。その味は、家では到底再現できないから、お店として成り立つのだと思います。だけど私は逆です。簡単に想像できる味、家で真似できそうな味で安心してもらおうという作戦です。これが私の身の丈に合った料理です。按田餃子にあるいくつかの麺のメニューは、常に何かの料理の副産物です。いつだってやめていいと思っているし、いくらだって作ってやらぁ！　とも考える乱暴さです。

◎レシピ［一杯麺］

まとめてふやかしておいたビーフンを、茶碗に一杯分だけつまんで湯通し、水気を切って茶碗によそって豚を茹でた時のスープを注ぎ、大根の細切り（餃子の餡に使うものを拝借）をさっと湯通しして、ふやかしたあらめ、「肉そぼろ」に使う味つきの肉も拝借して盛りつけ、香菜をのせます。味を整える必要はなくて、肉そぼろがスープでほぐれて味が出てきます。「味の要」などの卓上調味料で自分の好みに仕上げて食べてもらいます。

【泡菜乾麺】

「パンチのきいた蒸し鶏」というメニューがあるのですが、鶏を切る時に、端っこがたくさんたまっていくので、賄いに食べています。ある日、働いている男の子が「按田餃子の賄い、すごく好きです、野菜の根っことかおいしいです。蒸し鶏の端されとかおいしいです」と言っていて、そんなものばかりでごめんね、と思ったと同時にちょっと可愛いなと思いました。どうしてそうなったかわかりませんが、いつからか青菜の根っこなどが誰に言われるでもなく、賄い用にとっておかれていて、誰かが自動的に食べています……。

そんな始末料理の果てに生まれたのが泡菜乾麺です。営業後に残った海藻や漬物を寄せ集めてご飯にのせてスープを注いで食べたら意外においしかったので、ご飯を平打ち中華麺に替えて唐辛子の香味油をかけて冷たい和え麺に仕上げました。

このメニューもまだまだ完成には程遠く、いつしかまったく違う味に着地するかもしれません。いつになったら完成するのかというと、私の頭の中にあるファンタジーを納得のいくかたちで味に落とし込めるまで、です。

私がラーメンどんぶりの中に潜めたい物語は、今のところこんな感じです。いつの時代か、世界のどこかに按田地方というところがあって、そこでは米や小麦が主食でなく日常的に芋が食べられている。神事には穀物や麻を使っている、みたいなことを空想した場合には、麺はサツマイモのでんぷんで作った春雨であるべきで、米は香味油のほうに調合するし、その油はヘンプシードオイルが似合う、海藻は養殖していない種類を使う。そういう料理があってもおかしくないな……という感じです。みなさんにとってはそんなことはどうでもいいと思うので、お店ではほどほどにしておきますが、泡菜乾麺の味が変わったら、私が何か物語の先を思いついたんだな、と流してくださいませ。お付き合いのほど、よろしくお願いします。

◎レシピ［泡菜乾麺］

蒸し鶏がなくても細切りのハムやかまぼこでもいいので、刻んだ漬物と海藻と好きな味の生野菜を茹でた中華麺にのせて和え麺にしてみてください。味の決め手は漬物と唐辛子の香味油です。ザワークラウト、高菜漬け、野沢菜漬け、塩水漬け、古漬けなどなど、あなたが好きな味の漬物を使ってください。唐辛子の香味油は、香ばしさがあるとおいしいので、唐辛子を炒ります。他に加えるといいのは、米やゴマなど炒ると香ばしくなるもの。そういう調合が面倒な人は、ピーナツ入りの柿の種を砕いて炒った唐辛子と一緒に油に入れればいいです。そこに清涼感がほしければ柑橘の葉や皮を入れるといいと思います。どこかにお手本がある料理ではないので、醬油でも、魚醬でも、銘々が好きなだけかけてよく混ぜて食べてください。

【薬膳豚肉煮込】

ある日お肉屋さん（高校時代の同級生のお店なのです）が、豚肉の軟骨を持ってきてくれて、使ってみないかと提案してくれました。お肉屋さん曰く、軟骨はこりこりするけれど、それを通り越して柔らかくなるまで煮るほうがこのお肉の特徴が出るとのこと。脂身が多くて軟骨のついたぶつ切りのお肉を心置きなく女の子がひとりで食べていて素敵な感じの面構えをまず考えました。家でひとり分作るには時間がかかりすぎるものはお店で作りたいと思っています。おまけに、いろいろなスパイスを買い揃えるのはたいへんなのでこういう料理にこそ、家にない香りを調合します。なんてことない定食屋のようなお店で気軽に食べられたら嬉しいな、と私が思う味にしました。毎日毎日家で食べ続けてどういう風に体調が変わるか自分を観察しながら味を作っています。

そして、奇妙な塊が汁に浸っていて残す人がいるのですが、それは、いぎすというたいへん貴重な海藻です。いぎすは、煮詰めて寒天のように固めていぎす豆腐というものにすることが多いのですが、私たちが使っている舳倉島のいぎすは磯の香りが少なくて、そのまま椀に入れて味噌汁にできるくらい上品だったので、この料理にピッタリだと思いました。得体の知れない出で立ちにひるんで手をつけない人がいると、「あぁ、この人はひとつ面白い体験を逃した」とこっそり残念がるのでした。こちらから、貴重ないぎすですよー！　と言うのはまったく面白くないので（今言ってしまいましたが）、他の料理同様多くは説明していません。

◎レシピ［薬膳豚肉煮込］

ひたすら柔らかくなるまで肉を煮る。その時に好みのスパイスを加えます。シナモンやブラックペッパー、ほんの少しのクローブなど。スパイスが臭み消しになると言われても、効果にピンと来ないので、私は、とにかく好きな香りのスパイスを入れます。骨まで柔らかくなったら（六時間くらい!!）塩とさらに加えたい香りを足していきます。私は、生姜と当帰は必ず加えます。根っこの香りが大好きだからです。味つけは塩と少しの醬油だけなので、甘みを人参、サツマイモ、甘草《カンゾウ》やクコの実で補っています。ひとつひとつの食材の効能や成分はごめんなさい、考慮していません。薬膳という名前をつけたのは、なんだかいろいろ調合しているのだろうとお客さんが味を想像しやすいと思ったからです。そして、器に移した時にいぎすを加えて、滋味あふれる汁を吸い込ませます。いぎすはなかなか手に入らない食材だと思うので、いっそのこと、焼いたお餅でも入れて食べてくださいませ。

【鶏肉の晩茶ココナッツ煮】

徳島県に日本ではたいへん珍しい発酵茶を作っている地域があります。そこでは、新芽の出る季節に茶葉を摘まずに梅雨明けを待ち、ボサボサに茂った葉を丸刈りにするそうです。そして、茹でた茶葉を木桶に入れて二週間くらい発酵させて乾燥させます。私は、徳島の阿波晩茶が手に入るからこそ、こういう料理に仕上げました。このお茶は、平家の落人が編み出したんじゃないかと妄想しているのです。新芽を少しずつ毎日摘むことや、空間を広くとって乾燥させることは、自分たちの居場所を知らせてしまうことだし、うかうか人に姿を見られるような生活をしてはならなかった人たちの発想だと思うのです。発酵していれば、二週間きっかりとは言わずとも少しずつお盆に広げて時間差で干していけばよいのです。日本の保存食の知恵はこういう人たちの創意工夫でできあがったものがたくさんある気がして、ついつい成り立ちを想像したくなります。

この料理は、昔、四国に南方から漂着してきた人たちがたまたまココナッツを持っていたことで生まれた、みたいな感じです。そういう物語から料理が生まれることもあります。それをなぜ餃子屋で出すのか？　というのは野暮な質問で、鈴木さんもスタッフも知りません。コンセプトに合っているかどうかは、私たちは気にしないし会議はしません。この味が好きと言ってくれる人が食べに来てくれたら、それが一番嬉しいです。

◎レシピ［鶏肉の晩茶ココナッツ煮］

いつもの食卓から少し趣を変えたい時に、塩を加えて茹でておいたふだんの骨つきの鶏肉にココナッツミルクと茶葉を加えて煮た、そんな料理です。野菜を加えるなら胡瓜がおすすめ。具材や味つけの方法はわりとなんでも合います。唐辛子を入れたり味噌を隠し味にするのもおすすめです。しかし、くれぐれも作り置きをしないように。そのことこそが、この料理の特徴です。よそ行きっぽい味のものを家で大量に作らないためにも、豆のところで触れた（83ページ参照）蒸籠にコップを入れてそこに鶏肉と茹で汁、ココナッツミルクを加えて蒸す方法がおすすめ。脇で里芋でも蒸かして加えてみるのも素敵です。お店では「味の要」を最後にのせていて、麺やご飯を加えて最後まで楽しむこともできます。

【木耳汁（キクラゲジュース）】

この飲み物は私の創作でなくお手本があります。按田餃子を開いて何年後かに台湾を訪れた時、朝市で目が釘づけになったのがドロドロにすりつぶされたキクラゲが巨大な鍋に入っている謎の汁でした。お婆さんがでっかいお玉でよそってくれてゴマ塩や砕いたピーナツをかけてくれました。生ぬるくてぼんやり甘くて怖い味がしましたが、キクラゲを主役にしていたのでどうにか親近感を持とうと努力しました。コンビニに行くと冷えた木耳汁がペットボトルに入って並んでいました。それもなんともパッとしない面構えでした。

このように、別段何が悪いわけでもないのに残念なことになっているものに出合うと、助けたくなります。可愛く整えて世に出してあげたいと思い、ナツメやクコの難しい味はすべて省いて、南米のトロピカルフルーツ・クプアスで木耳汁を作ることにしました。神の食べ物と言われる気高い果物で、カカオの仲間です。スペインによる侵略の時に、幸いカカオのように見つけられなかったのでヨーロッパに持ち帰られることなく、プランテーションに抜擢されずに今なお、原種に近いかたちで残っているというのもとても気高い。そんな果物が入った按田餃子の木耳汁はまるでシンデレラガールです！　子供たちに大人気なのもとても嬉しいです。どうかみなさんも、按田餃子にお立ち寄りの際には木耳汁を注文して可愛くなったあの子を一緒に盛り上げてくださいませ。

【自家製コーラ】

お店では料理や自家製調味料にスパイスを使うので、棚にあるそれらを十種類くらい調合してシロップを作っています。私はドクターペッパーの味が大好きで、ああいう味を開発できる人はすごいな、と飲むたびに感服しています。ある日山で拾った超常現象ばかりが載っている雑誌に出ていた初公開のコカ・コーラの配合（多分デタラメです）をお手本に、頑張ってガチャガチャな味にしています。私はなんでもかんでも自家製したがりではないので、コーラは自家製ですが、ジンジャエールはウィルキンソンの辛口に軍配があがります。スパイスは料理にも飲み物にもなるよ、というお知らせをしたいがための自家製コーラです。卓上の黒酢を少し垂らして飲むのもおすすめです。お店には、これにカシャッサというサトウキビの蒸留酒を加えた飲み物（朗姆可楽）もあります。本当はドクターペッパーが作りたいです。

【味の要】

私はどこかで料理を習ったことはないので、スパイスの調合もプロの方からすると突拍子がなくめちゃくちゃです。按田餃子に来て生真面目に、どこの国の料理か、はたまた何流なのか探ろうとしても答えは見つかりませんが、しばしば外国から来たお客さんは嬉しい反応をしてくれます。先日は、中東から日本でポップアップレストランをやりに来たチームが食べに来てくれました。こんなにいろいろな要素をミックスするなんて君はどこの国の出身か？　と聞かれました。彼らは様々な国の血が混ざった人たちで、按田餃子の混沌とした食卓にとても親近感が湧いたとのこと。最後に「味の要」を買っていってくれたので、「これはあなたの国のスクッグに似ているでしょう。だけど、スクッグとも違うでしょ？　おいしいと思ってくれてとっても嬉しい！」とおしゃべりしました。境遇も食べてきたものもまったく違うけれど、自分は何が好きかということだけで通じ合えるから、料理は面白いです。

いくつものメニューの中で一番、お客さんが大好きだと素直に言ってくれるのは、「味の要」かもしれません。コリアンダーの葉にニンニクや生姜、スパイス類を調合してペースト状にしていて、どんな国の人にとっても異国の味のような、でもどことなく懐かしいような味がします。もともとは、ヨーグルトに混ぜてフライドチキンにつけて食べたかったから作っていたのでした。私も好き勝手に味を混ぜ合わせただけなので、みなさんにも自由に使ってもらいたいです。

お店では卓上に「味の要」をはじめ、自家製調味料が置いてあって、銘々で好きにどの料理にも加えられるようになっています。お店で味の調節の要領をつかんで、自宅でも使ってもらえると嬉しいです。自分の作る味に按田餃子の味を足したらどうなるか、段々と想像がついて思い通りの味に仕上げてもらうことが、私の願いです。それはもう、スパイスを使いこなせているということだと思います。プロの歌手みたいには歌えないけれど、カラオケの伴奏があればなんとなく歌える。聴きなれた声ならば、相方だって嬉しそうに聴いてくれる。そういった感じで、あなたの生活を助けたい包みたい按田餃子でございます。

【ラゲーライス】

按田餃子は当初十五時から営業をしていましたが、ランチをやってみようということになり、餃子以外にも名物を作ろうという話になりました。まず鈴木さんのリクエストを聞いてみました。鈴木さんは、ランチ時に食べるものにもこだわりがあるようで、「片手で食べられて、カレーライスのように一皿で完結していて、熱すぎなくてお腹がいっぱいになるけど眠くならないもの」という要望がきました。

ならば、私は金針菜とキクラゲは入れたいと言いました。すると、すぐに「それはラゲーライスだねー」と返ってきたので、ラゲーライスとやらの名にふさわしい面構えの料理にしました。ハト麦と同じで、みんなにもぜひ食べてもらいたいと思って、一皿のなかに金針菜とキクラゲの一日に食べてもらいたい量を入れられるようにレシピを組み立てようと思いました。それらは、母に食事を作るようになってとても身近な存在になったからです。

でも、それだけでは完結した一皿にはならないので、茹でた塊の豚肉を料理の柱にしました。チチャロンの途中で寄り道してラゲーライスを作ろうと思ったのです。というわけで、按田餃子の一日は豚肉を茹でることからはじまります。この肉を、茶碗の底に調味料と一緒に潜ませて漬物と生姜をのせたら豚そぼろ飯のできあがり。また、豚肉を茹でるとおのずと茹で汁が残ります。それを定食につけるスープや麺類のスープにしています。茹でた豚肉と茹で汁で作ったスープが同じテンポで使われていくように茹でる水分量を計算しています。そういう計算が大好きです。そんなことを気にしないでおいしい肉と茹で汁を作ることだけに専念したらよいのかもしれませんが、肉ばかり余った、茹で汁ばかり余ったなど、オペレーションが乱れることによって、働くスタッフが緊張して余計なことを考えながら調理をしなくてはならないことのほうが、結局のところおいしくできないのではないか？　とも思います。お店では八十点を保つ工夫をしています。作っていて楽しくて、おいしそうだな、と思う余裕を持ちながら働いてほしいのです。ラゲーライスを生み出したことによって、お店の料理の考え方や味の軸が立ったのは、幸運でした。そして、おいしくできてホッとしました。何せ、ランチ営業をしようと思っていた二日前に、味もオペレーションも同時に完成したのです。もし、ラゲーライスが生まれなかったら、今頃つぶれていたかもしれません。危ないところでした。

というわけで、ある日スタッフが「ラゲーライスは中国でなんてオーダーすればいいんですか？」と訊かれて、たいそう困っていましたが、中国にはありません。何かの料理の模倣ではないのです。豚肉、キクラゲ、金針菜、ハト麦。これらが入っているのがラゲーライスの定義です。調理法、調味料の種類や加えるタイミング、使う具材にはいちいち自分なりの理屈があります。それは母のための食事を作りながら経験した、食べ物による体調の変化が元になっています。自分の中に湧いてきた、自分が作ったものを食べて元気になってほしいという切実な気持ちを食材の分量に翻訳して、お店仕様に整えた結果です。

〈鈴木陽介〉　なかなかベストな食事を見つけられない。だからお昼ご飯を決めるのは難しい、と常々思っているのですが、そのなかでもカレーライスは不思議と食べたくなる回数が多い気がします（僕だけかなあ）。味もそうなんだけど、あの形状がお昼どきの慌ただしさ（わりといつも暇ですが）によいというか、一皿で完結していてスプーンで食べる感じがいいんです。

でも高校生だったらまだしも、毎日ガブガブとカレーライスを食べていけるほどの強い胃袋を持っているわけでもなく、何かカレーライスのような形状で体に優しい、健康的なものをメニューにできないか、と按田さんに相談したのがラゲーライスのはじまりでした。キクラゲと豚肉を煮込んだものをご飯にかけて食べる。黒酢を横に置いて、疲れている時は多めにかけるなど、体調によってかける量を調節しながらスプーンで食べる。作り方とか細かいことを僕はよく知らないけども、テトリスで言うとまさか落ちてくるとは思わない欲していた複雑なかたちのピースが落ちてきて、僕の体にバシッとハマったわけであります。この説明だとわからないと思いますのでぜひ按田餃子に食べに来てください。

◎レシピ［ラゲーライス］

柔らかく煮た塊の豚肉と玉ねぎ、戻した金針菜とキクラゲを少しの水で煮る。玉ねぎに火が通ればできあがり、という風に簡単な作り方に落とし込むのに、学生時代の吉野家でのアルバイトが役に立ちました。味つけは、塩と醤油をお好みで。ご飯と煮込みをお皿によそったら、口の中のペーハーに注意しながら、黒砂糖、黒酢、生姜の細切り、などを駆使してバシッとはまる味を探してみてくださいませ。

ペーハー

〈按田優子〉料理のリクエストで「ペーハー」のことを切り出してきた人は、鈴木さんがはじめてでした。私はずっとお菓子を作る仕事をしていたので、ペーハー（酸度）やブリックス（糖度）を数値で確認するのはとても大切なことだと思っていました。お店を一緒に開いて間もない私たちに、そんな共通語があったことにすごく喜びましたが、雰囲気でペーハーと言っていることはすぐに見破りました。

〈鈴木陽介〉按田さんと話をしているとよく「ペーハー」という言葉を使いま

す。朝ご飯の時、疲れている時、一日中寝ていた時、口の状態ってその時によってだいぶ違いますよね。その状態を何か数値で表現するとしたら、多分単位はペーハーになるんじゃないかという、ものすごく個人的な思いつきで使わせていただいております（実際のペーハーってのがどういうことかは、どんなに見栄をはっても、ハッキリ言ってまったくわかっていません）。

たとえば朝起きた時のペーハーにはお刺身ってのがまったく合わない。タコには悪いけど、付き合いはじめの恋人が朝食にタコの刺身なんて出してくれちゃったら、この二人はきっとうまくいかないだろうなあ。食べ物と飲み物の相性もペーハーで解明したらどうだろう。ピザを食べた後のペーハーにはコーラだし、和菓子の後には温かいお茶。そう考えるとペーハーっていうのは、塩分の量だったり、油の有無だったり、炭酸だったり、温度だったりと様々なことが関係してくる壮大な話になってるのかもしれません。

少し話は飛びますが、僕は吉野家で牛丼の並、つゆぬき、卵を注文します。その時の牛の煮込み具合を見て卵に入れる醤油の量を調整してペーハーのコントロールをしています。なので僕は、バッターボックスでボールを凝視するバッターのように、店員さんが運んでくる牛丼から一切目をそらさず向かい受けるわけであります。

今日、何食べよう。一日のなかで結構重要な問題だったりします。その時の自分の体が欲する食事がとれるとすごく嬉しいもので、少し言い過ぎると人生悪いことだけでもないなあ、とさえ思ってしまいます。だけど不思議、体調や天候の状態によって毎日食べたいものが変わってくることが厄介です。誰か今度、餃子でも食べながらペーハーの話、しませんか。

五、みんなにとっての按田餃子

按田餃子を生活のヒントにした女性

ひとり暮らしをはじめようかと考えていて、どんなものを買い揃えたらよいか調べていくうちに、自分には本当に冷蔵庫が必要か？　と疑問を持ち、冷蔵庫を使わないでひとり暮らしをする方法をネットで調べていると按田優子の『冷蔵庫いらずのレシピ』がヒットして、興味を持った。そこで、按田優子という人を調べたら、餃子屋を営んでいると判明し、ちょうどアルバイトを募集していたので応募してみた、という女性が働きに来てくれていたことがあります。彼女には会社勤めの本業があったので、接客を中心に週末だけ来てくれていました。週に一日、二日しか来ない子には調理はやってもらいませんが、一緒に働きながら彼女の考えや見ている先がわかったので、試しに仕込みの一部を説明して、週末は彼女に開店前の立ち上げを任せてみました。飲食店で厨房を任されたことのない彼女は、はじめは戸惑っていましたが、きちんと順序立ててお店の味を作ってくれました。

その時に私が嬉しかったのは、私の考えたレシピと手順が、家庭料理をする人なら理解して調理できるとわかったことと、何より、彼女の自炊の営みにヒントを与えられたことです。彼女は、按田餃子で働くことによって、自分の家に冷蔵庫が要らないことを確信し、はじめてのひとり暮らしを楽しみ、即座に作れた生活のパターンからできた余力で以前から通ってみたかった英会話教室に通い、翌年ひとりでヨーロッパを周遊し本場のオペラを堪能し帰ってきました。そして、本業でも昇進し、晴れて按田餃子卒業と相成りました。彼女自身の努力と実力で作った流れですが、彼女の楽しんでいる様子を垣間見られたことがとっても嬉しかったです。

ちなみに彼女は、会社に出勤する前に朝食とお弁当を作っていました。そして、ついでに夕食分の青菜を茹でてタッパーに詰める。家に置いておくと傷むので、出勤する時に連れて行って職場の冷蔵庫にしまう。小さなタッパーひとつくらい、置いたっていいですものね。それで、連れ帰って他のものと料理する。彼女が『冷蔵庫いらずのレシピ』から拾ったヒントは、「近所のスーパーやコンビニが我が家の冷蔵庫」ということで、按田餃子から拾ったヒントは「部分の集合」ということだと思います。今でも彼女がそうしているかどうかは知りませんが、きっと、今の生活に合うもっとよい方法を見つけていると思います。按田餃子的キャッチアンドリリース成功です！

スタッフに楽しく作ってもらうために

按田餃子のスタッフは、料理初心者という人が多いです。そんな彼らに同じように手順を伝えても、みんな同じようにはいきません。按田餃子では、みんなが同じことをできるようになることが上達で、できることが多い人ほど評価される、という風には今のところ考えてはいません。私の料理の知識や経験は店の調理の最低ラインとして使い、働くスタッフの未知の能力や活躍できる場所をその子に発見してもらいたい、という願いがあります。

製菓と製パンの仕事をしていた時のことです。親方の下で働いて三年が経ち、今度は自分が上に立って、店の味を守りながら伝えていく立場になりました。そこには、自分が今まで見てこなかったまったく違う世界が広がっていました。私が親方から言われたことを他の人に同じように伝えても、その言葉と教えたい動作が必ずしも一致しない。そこで私の感覚では「ふんわり大きく軽めに混ぜる」ということなのだけど、「軽めに」と言われてビビって混ぜなくなってしまう人には「きちんとしっかり混ざりきった感じ」と伝え、混ぜすぎ傾向にある人には「そこでストップ、この軽い感じ」と伝えてみました。自分が教わる立場だった時は、親方にはこんな頓珍漢に見えていたのかとやっと気がつきました。この状況では、うっかりすると、自分が一番わかっていて弟子はこの真理にまだ到達していない、自分の代わりをできる人が育つまでずっと自分がやらなくてはならない、というファンタジーに身を置いてしまいそうです。でもそういう居場所に安心することは独りよがりで怖いことかもしれないと思いはじめました（そう思うようになるまでには、結構時間がかかりました）。思えば、鈴木さんもお店をはじめる時に、「按田さんがどれだけ人に任せられるかだと思うよ」と言っていました。按田餃子をはじめたばかりの頃は、まだまだ自分の頭の中にしかないから、自分にしかできないことがたくさんありましたが、「たかが餃子」です。みんなが楽しく作れる材料の配合と手順を割り出すことが私の役割になりました。今では、私なんかよりみんなのほうがずっと上手にできています。

カレーのような集合体

按田餃子に餃子職人を目指す人は今のところ働いていないけれど、自分の特徴を発揮できるところと按田餃子に必要そうなところを見つけて、自分がそこにポコッとはまっていける人たちが働いていて見ていて楽しいです。やりがいが人それぞれにあるのだと思います。優しいスパイスも刺激的なスパイスもそのままかじると変な味のスパイスも、お互いが助け合ってひとつの味になっていく、まるでカレーみたいです。カレーに必要なのは、食べてくれる人と場所。目標とか理念はスパイスたちには関係なくて、ただただ自分が魅力的でいればいいと思います。

しかしながらこの方法、じつは私が前職で何度も失敗した試み。どんな飲食店でもうまくいくとは限りません。私にとっては、奇跡的にうまくいっている仲間たちです。そういう仲間とは、おじいさんとおばあさんになっても一緒に暮らしている感じが簡単に想像できます。きっと、このまま一緒に老人ホームに入っても、今と同じそれぞれのこだわりを持ってあーでもないこーでもないと言ってうまくおさまっているでしょう。みんな、「自分は成果を出している」ということは、「それと同じ分だけまわりの仲間に助けられている」という気持ちを携えて働いているのだと思います。

私の炊事はもっと開けたものになる

鈴木さんに美の革命が起こり按田餃子ができた後、私には別の革命が芽吹きました。「もしかしたら、炊事はひとりとか一家族でやるものではなくて共同でやることなのかもしれない」。按田餃子を営んでいるうちにだんだんそう思うようになりました。お店でこそ、最終的な料理にまでしますが、乾物を水で戻す、野菜を漬ける、塊肉を茹でる、そういう下準備を誰かと共同でできたら生活がとっても楽な気がしています。最終的にどんな料理にするかは銘々の好みにすればいい。最終形を想像して下準備をするのでなくて、下準備をした結果、最終形の料理はおのずと決まってくる、という順序だと共同作業になりやすい。それは、ラゲーライスを作りたいがあまりに、スープができちゃって、豚そぼろ飯も夜食麵もできちゃった。という芋づる式の按田餃子のメニュー構成と一緒です。つまり、按田餃子のベースとなった私の自炊も、人に開かれたものなんだ、と店を開き、スタッフと働くことで気づきました。

でもこれは、とっても当たり前ですでにみんなが知っていることとです。そういう発想でカット野菜や冷凍食品がスーパーマーケットという巨大な台所に並んでいるのです。じつは、住んでいるところに同じ釜の飯があって助け合っているのです。でも見えづらい。ならば見えやすくしてみよう、ということで「助けたい包みたい按田餃子でございます」と言って、頼まれもしないのに店を作ってみる。鈴木さんが夜のスーパーマーケットで見た女性の手にある唐揚げに按田餃子がとって代わって、何が変わるかといったらそれは、体調の改善とかでなくて、目の前に広がっているものは自分が見たくて見ている情景だと気がつくことかもしれません。果たして彼女は、そのくたびれた唐揚げに助けられていることに気がつけるか（鈴木さんの観察をこうして拾って妄想を加えて、すみません……！）。「助けてほしい」と自分から言うのは慣れないと難しいけれど、向こうから「助けますよー」と言われれば、じゃあ助けてもらうか、となる。そうすると、助けてもらうことに慣れてくる。そうすると、今日はスーパーマーケットの唐揚げに助けられたと思える。冷凍食品だってコンビニ弁当だってなんでもかんでもみんな自分を助けてくれている。情景をそんな風に変換する眼鏡が按田餃子だったらとても嬉しいのです。

一方私はというと、豆を茹でた人、玉ねぎをひとつ持っている人、時間がある人、いろいろな人がこれくらいなら持っていて人に分け与えることができるとか、これが足りないから自分の持っているものと交換したい、というふうに集まって合体すると、ひとりでなんでもやるよりも豊かな生活になる気がしてきました。なので、ごちそうをふるまったりパーティをするためでなく、ごくごく日常的な炊事のために頻繁にいろいろな人を家に迎えたりお邪魔したりしています。「助けたい包みたい」なんてとんでもない、「助けてくれー!」と方々に言って回っているといった具合です。

六、ふろく

按田優子の推薦図書　食べ物と体のヒントになる本

『冷蔵庫いらずのレシピ』

按田優子・著（ワニブックス）

私がお菓子から料理の世界に入るきっかけとなった本です。鈴木さんと出会ったのもこの本がきっかけ。この当時は日当たりがよく、風通しのよい風呂なしの木造アパートに住んでいて、庭には柿の木があって、なんと湧き水も出ていて小さな祠もあった。東京の中目黒なのに、住所を入力してもなぜかカーナビに出てこないし東京タワーの電波が届かない不思議な場所でした。私はこの秘密基地のような場所でエアコンなし、冷蔵庫なしでどうやって快適に暮らしていくか？　あれこれ試していました。保存食を作るのに申し分ない環境で本を書いたので、本を読んでくださった方から野菜をうまく干せないと聞いた時にも、なぜかピンときませんでした。たしかに、鉄筋コンクリートのマンションでは、季節によって結露やカビの心配があると思います。環境によって料理の仕方が変わるということを念頭において読むと面白いかもしれません。ちなみに、私はこの本を、年収が二百万円台前半でも都会で楽しく快適に暮らせる参考例を提案したい、と思って書きました。だから、ものすごく参考になる人と、まったく用のない人がいると思います。鈴木さんの写真が、いつも自分が家で見ている明るくない情景そのままですっごく嬉しかったのを覚えています。

『ピダハン「言語本能」を超える文化と世界観』

ダニエル・L・エヴェレット・著／屋代通子・翻訳（みすず書房）

南米アマゾンのピダハン族にキリスト教を布教しに行った言語学者で宣教師であった人物の体験をもとにした本。こんなにも自分と違う概念を持って暮らしている人たちがいるのか！　と衝撃を受けると同時に、やはりそうだったのか!!　という気持ちも満たしてくれました。

たとえば、彼らの言語には過去形と未来形がなくて、さらに自分から見て右とか左とかいう概念もない。絶えず流れる川の中にいるひとりの男が、十五分後に違う名前になってしまったりする。大切なことは森の精霊にお伺いをたててみんなで解決する。つまり、自分と自分を取り巻く環境の境界線が曖昧なので、環境が変化したのなら自分も十五分前とは同一ではない！　……そう言われればそういう気にもなります。結婚観や家族観、自然観や生活観すべてが今の自分を取り巻く状況とは圧倒的に異質で、同時に自分がいかに社会のシステムに組み込まれて暮らしているかわかります。まるで自分で何かを自由に選んでいるかのように思って生きているけど、そうではないことが浮き彫りになって、すごく面白かったです。

よく、按田餃子の料理は作る人によって味が変わると言われます。お店なのでなるたけ同じおいしさを提供したい気持ちがあるので、飛行機の自動操縦システムのようなものを見つけたいと、日々思いを馳せています。技を磨いて味を均質化するというよりは、どうやって働くみんなで按田餃子のビジョンを見られるか？　を大事にしたいのです。ほとんどのメニューがタイマーを押して時間通りに加熱をして作るものですが、それはセーフティネットであって徹底しても仕方ないのです。食材は毎日状態が違います。均質なものを目指すよりは、作る人がこれがおいしい落としどころだと自信を持って作ることが大切だと思います。そして、作る人の口の中のペーハーがそれぞれ違うので、違う味になるのだと思っています。

もしも、ピダハン族が按田餃子の料理を毎日食べたら、きっと毎日料理の名前を変えてくれるかもしれません。そういう、自分たちの力の及ばない圧倒的な流れに身を任せている人たちの本を読んで、今後の按田餃子のことを考えています。

『雲南の照葉樹のもとで』

佐々木高明・編著（日本放送出版協会）

この本を見つけたのは、ペルーで訪問した日系人協会の本棚でした。きっと、自分たちのルーツとアイデンティティを探してこの本をペルーに持ってきたんだと思うと、グッときました。稲作の発祥地域からどうやって日本に稲作とそれにまつわる周辺の文化が入ってきたか？　照葉樹林帯に見出される複数の共通点から文化圏を仮想して、照葉樹林文化の定義をしていく観点は、すごく興味深いです。按田餃子では稲作をしている地域で使うスパイスやありそうな食材の組みあわせをする、というのをこっそりテーマにしていたので、やはりそうだったか！　と読んで嬉しく思いました。そんなわけで、按田餃子の料理はざっくりお米を食べている地域の食べ物で、私はそれを「途中までシルクロードを逆走」、と呼んでいます。

『横井庄一のサバイバル極意書 もっと困れ！』

横井庄一・著（小学館）

私の好きなタイプは、自分では到底できないことを体験してきた人で、それは何も珍しい経験だけではなく、髭が生えているとか二重まぶただとかそういうものも含まれます。なので、大体の人は好きです。しかし、圧倒的な魅力を持つ横井庄一さんが好きです。グアム島に昭和十九年に陸軍伍長として降り立ったあと昭和四十七年まで息をひそめて生活した経験を綴ったこの本は、一生に一度は読んだほうがいいと思います。誰にも見つからないように獲物を捕まえ煮炊きをし、洞穴に家を作り便所を確保する。蒸し暑いグアム島で感染症にならないように頻繁に沐浴をする。危機管理と生命維持のための快適さ両方を追求していかないといけないのです。自分がこんな経験をすることはこの先まずないでしょう、できないです。私ならすぐに命を落とします。この本を読めば、自分のたいがいの心配ごとは余計な寄り道で、もっと他に頭を使わないといけないことがある！と活を入れられます。人間の衣食住の基本を見せてもらえる貴重な本です。自分の立ち位置もよくわかります。私は本当に生ぬるい。

『闘魂レシピ』

アントニオ猪木・著（飛鳥新社）

こういう料理を食べるとどういう人になるのか？ というお手本を見せてくれるレシピ本はそうそうない。私はアントニオ猪木が好きなので、すごく楽しく読みました。特に食べ物との向き合い方やエピソードが書かれたコラムが好き。食べ物と体と仕事が直結しているのはプロレスラーだけでなく、自分たちもそうなわけで、この本で語られていることは普遍的なことでした。アントニオ猪木だからできたのでなくて、これをしてきたからアントニオ猪木になったのです。プロレスにも料理にも興味がなくても大丈夫。どんな人でも必ず感服し元気が出ること間違いなしです。私が声を大にして言いたいことはすべて書かれています。

『健康自主管理のための栄養学』

三石巌・著（阿部出版）

この先生の本は画期的です。分子栄養学という新しい栄養学を提唱し、体に起こる現象を科学的に説明しています。難しいカタカナの名前が覚えられなくとも、健康に対して取り組む姿勢を具体的に教えてくれる。科学の発達に着目して、いろいろなことを解釈しなおしていて興味深いです。これを読んだ人は、わけもわからず流行りのスーパーフードに飛びついてみた自分の立ち位置がよくわかると思います。そんな雷に打たれたいならぜひ読んでほしい。

『オナラは老化の警報機』

荘淑旂・著（祥伝社）

うんちとオナラは小学生男子の大好物で、私もいまだに面白いと思っているのでついつい手に取ってしまったわけですが、老化現象、体調不良、知人の急死、ガン……それらの原因がどれもこれもオナラにあったとしたら、まったく面白くない。

題名のひょうきんさとは裏腹に、これは本物のセレブリティになるための入門書でした。どこでどう暮らそうと必要なことはただひとつ、健康維持です。そんなメッセージが何度も端的で厳しい言葉で語られていて、読者のやる気のほどが問われます。健康でいると、はつらつとして心穏やか、そして夜も元気でおまけに長生き。そんな人はきっと好奇心旺盛で多趣味、寛容で柔軟で実行力があるため、必ず成功者になると思います。人生に目標があるならば、志半ばでうっかり死ぬわけにはいかないのです。ちなみにこの健康法、かの松下幸之助さんも実践していたそうです。

体調不良のメカニズムをオナラを軸に説明すると何とまぁ端的でわかりやすい。もう、私はオナラを過小評価したりはしません。何度でも読み返したくなる本であると同時に、一度で重要ポイントがわかる良書だということは、題名から一目瞭然。何を食べる、何を食べないなどというそんなケツの穴の小さいことをため込んでいる脳みその中身はすべて吹き飛ばされるでしょう。ガスをためない理想的な座り方、会議中にオナラが出ない過ごし方から体型別のセックスのタブー、中国食文化の根本思想まで知りたいことは何でも教えてくれます。

『秘伝 発酵食づくり』

林弘子・著（晶文社）

自宅で発酵食を作るとなると、思い浮かぶのは漬物に天然酵母パンに手作り味噌。どれも慣れない人にとっては教室に通って習いたいものばかり。なぜなら、発酵食作りは、本で読むより手取り足取り教えてもらったほうがわかりやすいから。だけどこの本は、そういう頑張って発酵食に挑戦するための指南書とは一味違います。林先生は、もともと製菓製パン業を営んでいたこともあり、パンにまつわる天然酵母や穀物の本も出されています。いわゆる製パンの業界以外の世界中の家庭で作られるパン（というか小麦と発酵）を中心に、添える料理、飲み物、保存食などなど話題が全方向型に派生していて、食材の加工において、こんなにも自由に時空を行きかう様子が文章にあらわれている本を他に知りません。

　自宅に漂う空気中の野生酵母を捕まえて培養して生地に加え焼きあげた、どっしりとしたカンパーニュを漬物の重石の代わりにして、ほったらかしなもんだからそのパンにこれまた空気中に浮遊していた手作り味噌の麹カビがびっしり付着してて次回の味噌づくりのスターターにする……といった具合に、台所の中に食べ物のビオトープのようなものができあがっているのです！　もちろん、レシピには私たちが作れるように市販の麹などの分量が記載されています。だけど、林先生は、そこに到達するまでの道草ばかりの菌の捕獲作戦を、実体験を織り交ぜながら教えてくれるのです。リンゴを使った発酵食作りや乳製品作りにどぶろくからお酢への道のりなど、一辺倒でないところがすごく好きです。ちなみに、林先生の本を見てレシピ通りに何かを作ったことは一度もありません。本を読んで先生の家で起こった発酵にまつわる珍事件から大惨事までを読み進めるうちに、すーっと自分のなかにその考えが染みつきます。あとは自分の道で自分の珍事件を起こしてみるだけなのです。

『内臓のはたらきと子どものこころ（みんなの保育大学）』

三木成夫・著（築地書館）

　みんなの保育大学シリーズの中の一巻。人間の胎児が受胎後一か月、エラ呼吸から肺状に変わっていき、まるで海から陸へ上がった生物進化のドラマが母親のお腹の中で繰り広げられ、その後、どうやって子供が育ち、感性が育まれていくのか。子供の成長の模様を壮大な視野で眺めたシリーズの内臓感覚編。どうしてこれを読もうと思ったのかというと、いろいろな人と働くからです。人の個性や特徴を内臓の状態で捉えてみると、私が教えたことを、なるほどそういう風に噛み砕いたのか、とわかることがあります。人によって別の表現で伝えると、また新たな発見ができます。

『男前ぼうろとシンデレラビスコッティ』

按田優子・著（農山漁村文化協会）

　記念すべき人生初の著作。仕事から帰ってきて真夜中に書いていたので、おかしなテンションで二度とこんな文章は書けない。だけど、言いたかったことは今でも変わりません。よく観察して失敗をたくさんしてみる、というお菓子の本です。私は小さい頃、本を見ながらお菓子を作ることが多かったのですが、できあがったお菓子が正解か不正解かわからず、楽しくも心細い思いをしました。だから、楽しくのびのび作ってもらえるように、注意しなくてはならないところだけものすごく細かく説明するという手段に出ました。ですので、十七個しかレシピを載せられませんでした。ちなみに、三ページだけ謎の漫画も描きました。熟読しないと漫画のストーリーは理解できません。

豆の使い道

乾物の豆は、水でふやかしてから調理するのが基本。豆は動かないし、ただの物体のようだけど、ひとたび水を含むとみるみる芽を出そうとします。乾物の状態では眠っているだけで、実は生き物なんだと思うとペットみたいでかわいい。ぜひ、お気に入りの豆を見つける道案内に、この表を使ってください。

	大豆	ひよこ豆	花豆
ふやかす	常温で10時間	常温で6時間	不要
炊く・煮る	×	豆ご飯・煮込み	×
すりつぶす	味噌汁に入れる（呉汁）	粗く砕いてコロッケ・細かく砕いてフリッターやお焼き	×
発芽	4～6日で発芽する。茹でる・炒める・揚げる	2～3日で発芽する。茹でる・炒める・揚げる	×
茹でる	蓋はしない。アクはとらない。浸し豆なら固めに、煮豆なら柔らかく茹でる（60～90分）	大きいわりには意外と火の通りが早い（5～10分）	蒸し器か鍋に入れ、沸騰したら火を止めて、冷却。これを繰り返す（2日間で5、6回）
煎る	煎り大豆・豆ご飯	×	×

レンズマメ	小豆	いんげん豆 （手亡豆、金時豆、うずら豆など）	緑豆
常温で1時間	不要	常温で6時間	常温で2時間
×	×	豆ご飯・五宝湯（お汁粉）・煮込み	豆ご飯・五宝湯（お汁粉）
コロッケ	×	×	細かく砕いてフリッター・お焼き
1～2日で発芽する。茹でる・炒める	×	×	1～2日で発芽する。湯通しする
すぐに火が通るので、あらかた煮えたら蒸らして固さを調節する（ふやかさず茹でるなら15分）	水から強火で、沸騰後10分ぐらぐらとさせて茹でこぼす。再びたっぷりの水を加えて蓋をして弱火で茹でる。指の腹で軽くつぶれるまでしっかり火を通す（60～80分）	サラダには固めに、煮込みには柔らかく茹でる（15～30分）	すぐに火が通るので、あらかた煮えたら蒸らして固さを調節する（ふやかさず茹でるなら20分）
×	×	×	×

市川家のみなさま、北條芽以さん、渡邉和泉さんに深く感謝いたします。
〈按田優子、鈴木陽介〉

◎たすかる料理　◎著者＝按田優子　◎写真＝鈴木陽介　◎デザイン＝佐々木暁
◎編集＝當眞文、加藤基　◎発行者＝孫家邦　◎発行所＝株式会社リトルモア
〒一五一ノ〇〇五一　東京都渋谷区千駄ヶ谷三ノ五六ノ六　電話＝〇三・三四〇一・一〇四二　ＦＡＸ＝〇三・三四〇一・一〇五二　http://www.littlemore.co.jp　◎印刷・製本＝株式会社東京印書館　◎乱丁・落丁本は送料小社負担にてお取り換えいたします。
本書の無断複写・複製・引用を禁じます。◎©Anda gyoza / Little More 2018
◎Printed in Japan　◎ISBN 978-4-89815-472-4　C0077
二〇一八年一月二十八日　初版第一刷発行
二〇二一年四月二十六日　初版第四刷発行